CW01630788

PORTUGUÊS ATUAL 2

Hermínia Malcata

Direção
Renato Borges de Sousa

EMPRESA PROMOTORA
DA LÍNGUA PORTUGUESA

LIDEL
Lidel – edições técnicas, lda

EMPRESA PROMOTORA DA LÍNGUA PORTUGUESA

A **Lidel** adquiriu este estatuto através da assinatura de um protocolo com o **Camões - Instituto da Cooperação e da Língua**, que visa destacar um conjunto de entidades que contribuem para a promoção internacional da língua portuguesa.

EDIÇÃO E DISTRIBUIÇÃO
Lidel - Edições Técnicas, Lda
Rua D. Estefânia, 183, r/c Dto - 1049-057 Lisboa
Tel: +351 213 511 448
lidel@lidel.pt
Projetos de edição: editoriais@lidel.pt
www.lidel.pt

LIVRARIA
Av. Praia da Vitória, 14 A - 1000-247 Lisboa
Tel: +351 213 511 448
livraria@lidel.pt

ISBN edição impressa: 978-989-752-371-7
1.ª edição impressa: setembro 2013
2.ª edição com áudio *online*: janeiro 2019
Reimpressão setembro 2021

Paginação: Elisabete Nunes
Layout: Elisabete Nunes
Impressão e acabamento: Tipografia Lousanense, Lda. - Lousã
Depósito Legal: 450788/19

Capa: José Manuel Reis

Faixas Áudio
Vozes: Hermínia Malcata, Virgílio Santiago, Rossana Appolloni, Nuno Pereira e Dora Carvalhas
Execução Técnica: Armazém 42

Unidade	Título	Área Lexical	Área Gramatical
1	**O Primeiro Emprego**	Expressões idiomáticas Verbo → Adjetivo	Presente do Conjuntivo Preposições
2	**O Programa Erasmus**	Provérbios Expressões para interromper conversa… Verbo apropriado	Presente do Conjuntivo Pres. do Conjuntivo vs. Pres. Indicativo Ter- Verbos derivados (revisão verbal) Conjugação pronominal com Futuro Imperfeito e Condicional Presente
3	**Uma Visita por Lisboa**	Verbo Dar + preposições Expressões idiomáticas Antónimos	Imperfeito do Conjuntivo Preposições de regência verbal
4	**Marcar uma Viagem**	Expressões do dia a dia Verbo → Substantivo	*Revisão Verbal* (com texto lacunar) Pôr- Verbos derivados Locuções condicionais
5	**Uma viagem de comboio**	Palavras homófonas Expressões idiomáticas Verbo → Subs. → Adjetivo	Futuro do Conjuntivo Preposições: Por e Para
6	**Inscrição num ginásio**	Verbo FICAR + preposições Expressões do dia a dia Como se chama…?	Futuro do Conjuntivo Pres. Conj. + elemento de ligação + Futuro do Conjuntivo Revisão: Futuro do Conjuntivo, Futuro Imperfeito do Indicativo e Infinitivo Pessoal *portanto / por tanto* *contudo / com tudo* *senão / se não* *decerto / de certo*
7	**O Fado**	Antónimos Expressões idiomáticas Provérbios	*Revisão Verbal* (Tempos do Indicativo e Conjuntivo) Discurso Direto / Indireto Plural de palavras compostas
8	**A Gastronomia Portuguesa**	Sinónimos Fazer um convite formal… Adjetivos	*Revisão Verbal* (Tempos do Indicativo e Conjuntivo) Preposições *porque / por que* *enfim / em fim* *demais / de mais* *porquanto / por quanto*
Unidade de Revisão 1 - 8			

Unidade	Título	Área Lexical	Área Gramatical
9	**Alguns produtos tradicionais portugueses**	Palavras parónimas Sinónimos Substantivo → Verbo	Condicional Pretérito Locuções temporais
10	**A Arte do Azulejo**	Verbo → Subst. → Adjetivo Expressões do dia a dia Expressões idiomáticas com cores	Pretérito mais-que-perfeito composto do conjuntivo Preposições de regência verbal
11	**O Serviço de Saúde**	Expressões idiomáticas Expressões idiomáticas com partes do corpo Expressões do dia a dia	*Revisão verbal* Discurso Direto / Indireto Locuções causais
12	**Arrendar um apartamento**	Verbo apropriado Antónimos Palavras do dia a dia sobre habitação	Pretérito Perfeito Composto do Conjuntivo *Revisão verbal* (com texto lacunar) Preposições de regência nominal
13	**Portugal país de emigrantes e imigrantes**	Verbo → Substantivo Provérbios	Futuro Perfeito do Indicativo Pronomes pessoais complemento direto e indireto
14	**Os portugueses, a cultura e o lazer**	Estrangeirismos Expressões do dia a dia Interjeições	Gerúndio Simples e Composto IR + Gerúndio
15	**O Arquipélago da Madeira**	Prefixos (ideia contrária) Provérbios Profissões	Futuro Perfeito Composto do Conjuntivo *Revisão verbal* Preposições
16	**O Arquipélago dos Açores**	Sufixos (palavras derivadas) Verbo apropriado	Infinitivo Pessoal Composto Pronomes pessoais de complemento direto Preposições de regência verbal

Introdução

Português Atual 2 - Intermédio destina-se a alunos que já têm alguns conhecimentos da língua portuguesa ao nível básico. Este livro aborda as estruturas gramaticais e as áreas lexicais intermédias (B1 e B2 – Quadro Europeu Comum de Referências – QECR).

As áreas lexicais cobrem situações do dia a dia em formato de diálogo: entrevista para um primeiro emprego; candidatura a um programa intercultural; explicação de aspetos culturais da cidade de Lisboa; marcação de uma viagem e reserva de hotel; na estação de comboios; inscrição num ginásio; abordagem da história do fado; gastronomia portuguesa; produtos tradicionais portugueses; explicação histórica da origem do azulejo em Portugal; funcionamento do serviço nacional de saúde; como arrendar um apartamento; áreas socioculturais de Portugal continental e arquipélagos da Madeira e Açores.

Este material procura não só estimular o conhecimento de hábitos, comportamentos e cultura portuguesa, mas também proporcionar um maior desenvolvimento quer da compreensão quer da expressão oral do aluno.

Português Atual 2 é composto por dezasseis unidades. Cada unidade inclui texto (ficheiros áudio); compreensão oral (ficheiros áudio); texto para compreensão oral (ficheiros áudio); exercícios para a prática oral, lexical e gramatical; síntese das estruturas gramaticais; soluções dos exercícios.

As primeiras oito unidades contêm as áreas gramaticais referentes a B1 e as restantes a B2. No fim de cada 8 unidade há um pequeno teste para que o aluno possa avaliar as suas competências. Assim como, no fim das 16 unidades, um Teste Final.

Agradecimentos

Queria deixar os meus agradecimentos a:

- Dr. Renato Borges de Sousa;
- A todos os que acompanharam incondicionalmente as gravações: Virgílio Santiago, Rossana Appolloni, Nuno Pereira e Dora Carvalhas.

E um especial agradecimento ao Jorge, pela enorme ajuda e paciência na elaboração deste livro.

Ouça o texto.

1

O PRIMEIRO EMPREGO

O Luís é um jovem licenciado em Jornalismo. Quando acabou o curso recebeu uma proposta para ir fazer um estágio em Macau. Agora está de volta e pretende encontrar um emprego onde quer que *seja*: num jornal ou numa revista. Se bem que ele *prefira* num jornal semanário. Não acha que escrever num diário lhe *possa* trazer muitas oportunidades de revelar o seu maior interesse: a Cultura Portuguesa.

Embora *saiba* que esta é uma área muito diversificada, ele não se importa de correr o risco e de se dedicar a ela.

Mandou o *Curriculum Vitae* para alguma imprensa escrita e, quando estava quase a perder a esperança, recebeu um telefonema de um jornal de grande referência que, embora *seja* publicado só uma vez por semana, tem uma grande tiragem. Marcaram-lhe uma entrevista com o diretor.

– Bom dia! Entre e sente-se, por favor. Muito prazer.

– Bom dia. Muito prazer. Com licença.

– Fique à vontade. Recebemos o seu *Curriculum* e gostámos de saber que se interessa pela escrita e pela cultura... Hoje em dia, cada vez menos os jovens se interessam por temas culturais. Não acho que *seja* por falta deles, mas sim por falta de oportunidades.

– Sim. Durante o meu curso de Jornalismo interessei-me por várias matérias, mas é na área cultural que me sinto melhor a pesquisar e a informar. Gosto muito de ler e de escrever.

– Por aquilo que tive oportunidade de ler, o Luís tem uma escrita muito fluida. Por isso, não duvido que *possa* vir a ser um bom jornalista dentro da nossa equipa.

– Bem, isso seria um privilégio para mim...

– Nesse caso, vou propor-lhe o seguinte: escreva uma matéria, ao seu gosto e da atualidade, e entregue-ma dentro de uma semana. Iremos analisá-la e, caso *esteja* dentro do nosso perfil, poderemos contratá-lo por um período experimental de um ano, por exemplo. O que lhe parece?

– Sr. Diretor, a mim parece-me uma excelente proposta. Fica ao meu critério o tema de pesquisa?

– Sim, claro.

– De acordo. Então, de hoje a uma semana, entrego a minha matéria.

– Combinado.

Agora leia...

1 - Compreensão oral

2*

A. Ouça as perguntas sobre o diálogo e responda, completando as frases.

1. Ele pretende encontrar um ______________________.
2. Ele prefere trabalhar num ______________________.
3. Ele prefere escrever ______________________.
4. O diretor acha que ______________________.
5. O Luís escreve de uma maneira ______________________.
6. O Luís terá de entregar o artigo ______________________.

3

B. Ouça o texto que se segue e complete os espaços.

A Quinta da Regaleira

A Quinta da Regaleira, classificada como Património Mundial pela UNESCO, ______________ em Sintra, muito perto do centro ______________ desta vila. Foi propriedade de Augusto Carvalho Monteiro e construída ______ ______________ ______ o imaginário mítico-mágico do arquiteto Luigi Manini.

Embora ______________ situada numa região densamente florestal, o acesso até ela é fácil, de modo que qualquer um de nós ______________ usufruir da sua atmosfera muito própria. Tem um carácter romântico e ______________ com belíssimos jardins, recantos, lagos, uma capela e um palácio.

É necessário que se ______________ com um espírito de aventura para poder compreender o simbolismo que está em cada lugar.

Ainda que um dos pontos mais importantes ______________ o Poço da Iniciação, não podemos ignorar toda a propriedade, nem deixar de repousar a nossa ______________ naquele espaço.

Mais do que as palavras, vale uma visita até lá. Caso vá pela primeira vez, peça uma visita ______________ porque lhe poderá parecer um lugar muito labiríntico.

Luís Sacode, in *Notícias*

* Ficheiros áudio disponíveis em www.lidel.pt, até o livro se esgotar ou ser publicada nova edição atualizada ou com alterações

II - Oralidade

1. Refira-se a um local de interesse na sua cidade e dê a sua opinião.

2. Pensa que, atualmente, os jovens têm muita facilidade em encontrar um trabalho após os estudos?

III - Vocabulário

A. Das palavras dadas qual é a que não pertence à ordem lógica?

1. semanal	diário	ano	semestral
2. a proposta	a promessa	o acordo	a intenção
3. pescar	pesquisar	inquirir	investigar
4. temas	conversas	assuntos	matérias
5. perfil	característica	rosto	carácter

B. Ouça as frases e escolha a expressão idiomática mais apropriada.

4

pôr os pontos nos ii ***falar pelos cotovelos***

não pôr as mãos no fogo ***correr o risco*** ***ter a barriga a dar horas***

1. ________________________________
2. ________________________________
3. ________________________________
4. ________________________________
5. ________________________________

C. Complete o quadro com o verbo e o adjetivo com a mesma raiz etimológica.

Verbo	Adjetivo
	licenciado
estagiar	
entrevistar	
	analisado
	experimental

IV - Gramática

A. Transforme as frases que se seguem começando como indicado.

1. No caso de teres tempo, acaba este artigo ainda hoje.

   Caso ____.

2. Apesar de ser muito tarde, ainda vou reescrever este texto que vai ser publicado amanhã.

   Embora ____.

3. Se calhar estás cansado!

   Talvez ____!

4. É importante as pessoas discutirem os assuntos para poderem ter uma ideia mais precisa sobre o assunto.

   É importante que ____

   para que ____.

5. Acho que eles têm razão.

   Não acho que ____.

B. Complete o diálogo escolhendo o verbo apropriado e conjugando--o no Presente do Conjuntivo.

trazer	*dizer*	*ir*
terminar	*poder*	*ter*

● Bom dia, Pedro. Que tal vai o trabalho?

■ Bom dia, sr. Ferreira. Bem, o trabalho não vai mal e talvez ainda o ______________ antes do almoço…

● Ótimo. É importante que ______________ para a revisão ainda antes das duas horas. Acha que é possível?

■ Embora eu ainda ______________ de fazer uma pequenas alterações, penso que sim. Fique descansado.

● Agradeço que me ______________ qual é o próximo artigo que vai escrever. Já pensou nisso, não?

■ Sim, sim. Já tenho algumas ideias de forma que ______________ começá--lo logo que me ______________ a matéria para eu avançar.

● Bom trabalho!

■ Obrigado, sr. Ferreira.

C. Complete com a preposição mais adequada. (Faça a contração quando necessário.)

1. O sr. Ferreira passou ______ secretária do Pedro e comentou ______ ele ______ os acontecimentos ______ dia anterior.
2. O Pedro precisou ______ se ausentar ______ uns instantes e pediu ______ Teresa ______ tomar nota ______ algum telefonema urgente.
3. Embora já fosse tarde, ele ainda teve ______ responder ______ vários *e-mails* que tinham chegado.
4. Quando quer que termine esta nova matéria que tem ______ mãos, ele sabe que vai ter impacto junto ______ público ______ geral.
5. Normalmente, os jornalistas não resistem ______ tentação ______ escreverem ______ temas polémicos.

V - Alguns sons mais difíceis

5 **Ouça o texto e complete.**

O Luís, o ___ovem ___ornalista que, finalmente, conse___uiu um trabalho num ___ornal semanário de grande prestí___io, já está a traba___ar há quase um ano. Tem tido boas oportunidades de escrever sobre os temas que prefere e isso tem-___e permitido não só fazer várias pesquisas, como também via___ar para outras partes do país, algumas delas até desco___ecidas dos próprios portugueses. Já fez reporta___ens, entrevistas e comentários sobre alguns locais de grande interesse, de norte a sul do país. Em ne___um lugar teve dificuldade em contactar com as ___entes locais. Bem pelo contrário: todos se mostraram muito disponíveis para colaborar com ele.

Tem sido uma boa experiência para ele e o diretor continua a admirá-lo pelo empe___o posto nas matérias que tem feito. Por isso, vão dar-___e um contrato, de modo a que entre para os quadros do ___ornal.

Ouça o texto. 6

O PROGRAMA ERASMUS

Atualmente, muitos jovens estudantes universitários decidem interromper o curso, em Portugal, para que possam participar num curso equivalente num outro país, através do Programa Erasmus.

Ainda há quem desconheça a origem deste programa tão aliciante para os jovens. O **Programa Erasmus**, que consiste num encorajamento e apoio interuniversitário de mobilidade de estudantes e professores do Ensino Superior, foi estabelecido em 1987 entre os Estados-membros da União Europeia e Estados associados. Este programa permite-lhes estudarem num outro país por um período de tempo que pode ir dos 3 aos 12 meses. O aluno deve contactar o coordenador da Universidade para que o informe sobre o período aconselhável, dependendo da área de estudos.

Para que se possam candidatar a este programa, os alunos têm de preencher alguns requisitos, como, por exemplo, ser um estudante matriculado num curso universitário e que já tenha completado, pelo menos, o primeiro ano de estudos e ser cidadão de um dos países participantes. Os estudantes que sejam reconhecidos oficialmente como refugiados ou que tenham residência permanente em Portugal também se podem candidatar.

Caso haja um excesso de candidaturas, existem critérios seletivos para admissão no Programa Erasmus:

- motivação para a participação no programa;
- conhecimento prévio da língua do país ao qual se candidata;
- sucesso escolar (boas notas no curso que está a frequentar).

É dada preferência aos candidatos que:

- sejam mais carenciados a nível económico e social;
- prefiram ficar durante um ano letivo;
- tenham preferência pelo primeiro semestre do curso;
- optem por países tradicionalmente desfavorecidos na mobilidade.

Por tudo isto, o candidato deve procurar, entre as parcerias disponíveis para a licenciatura, a que reúne as preferências, tendo em atenção as unidades curriculares que gostava de frequentar nessa Universidade.

Agora leia...

I - Compreensão oral

7 **A. Ouça as perguntas sobre o texto e responda, completando as frases.**

1. O Programa Erasmus iniciou-se em ______________________________ .
2. Entre os Estados- ______________________________ .
3. Podem ficar ______________________________ .
4. Não, não pode. Só ______________________________ .
5. Não, não é. É dada preferência aos alunos que ______________________________

____

8 **B. Ouça o diálogo que se segue e complete os espaços.**

Informações sobre o Programa Erasmus

Paulo – Olá, Teresa! Por aqui?

Teresa – Olá! Sim, vim saber ______________ sobre o Erasmus.

Paulo – Sobre o quê?

Teresa – O Erasmus. Nunca ______________ falar?

Paulo – Sim, já, mas não sei lá muito bem o que é isso. Explica lá!

Teresa – Lamento que não ______________. Olha que é muito interessante e é uma ______________ - ______________ para o nosso futuro.

Paulo – Sim? Vá lá, conta!

Teresa – Caso tenhamos boas notas, podemos candidatar-nos a ir durante algum tempo...

Paulo – Quanto?

Teresa – ... para uma universidade de um país da União Europeia e estudar lá. Podemos ir por um ano, por exemplo. ______________, é o que eu prefiro.

Paulo – E achas que consegues?

Teresa – O quê? Estar numa universidade estrangeira durante um ano?

Paulo – Não, não é isso. Achas que __________ uma vaga?

Teresa – Eu sei que tenho outros colegas em melhores condições, mas vou tentar. Quem não arrisca...

Paulo – E tens de pagar ou dão-te uma bolsa?

Teresa – À partida eles dão uma bolsa, à qual chamam de *mobilidade*.

Paulo – Mobilidade...?

Teresa – Sim, não percebes? Pelo facto de eu sair do meu país e ter de me deslocar para outro. É uma ajuda. Não paga tudo, mas não é mau.

Paulo – É importante que faças um __________ de saúde, não? E se ficas doente?

Teresa – Ah, sobre isso... temos de pedir ao Centro Regional de Segurança Social da minha área de residência um __________: o E-111 ou o E-128.

Paulo – Isso parece-me bem organizado.

Teresa – Podes crer... Só fica por nossa conta as viagens e procurar o alojamento.

Paulo – Mas, afinal, já sabes para que país vais?

Teresa – Com o meu curso, acredito que consiga uma vaga na Universidade de Castilla – La Mancha.

Paulo – Em Espanha?

Teresa – Sim, é em Toledo. Conheces?

Paulo – Não, mas vou conhecer. Não vou Teresa?

Teresa – Veremos!

II - Oralidade

1. Fale sobre as oportunidades que o seu país oferece aos estudantes para que estudem no estrangeiro.

2. Na sua opinião, quais são as vantagens e desvantagens de estar fora do país durante um ano?

III - Vocabulário

A. Junte A + B de modo a completar os provérbios.

A	B
1. Quem não arrisca não	a) bem
2. Há males que vêm por	b) moinhos
3. Quem desdenha quer	c) comprar
4. Águas passadas não movem	d) petisca
5. Não há fumo sem	e) fogo

B. Complete o diálogo com a expressão mais apropriada.

lamento interromper, mas

desculpe, mas não corresponde à verdade

se não se importa

só mais uma palavrinha

se me dá licença

- Boa tarde a todos. Gostava de agradecer a vossa presença nesta reunião e…

■ ______________________________, eu queria dizer…

- Sr. Antunes, ainda não passámos ao assunto que nos traz aqui. ______________________________ …

■ Desculpe, desculpe.

- Como eu ia dizendo, estamos aqui para analisar o valor das bolsas de estudo atribuídas aos estudantes do Programa Erasmus. Atendendo ao nosso orçamento, vamos reanalisar o processo e proceder a uma correção de acordo com a inflação…

■ ____ não nos podemos dar ao luxo de voltar a fazer uma correção, quando ainda não há muito tempo aumentámos mais 0,5%.

- Sr. Antunes, ____. Há dois anos que este processo não tem sofrido alterações.

■ Há dois anos? Isso não é verdade!

- Então, ____________________________________: diga-me lá o senhor quando foi feita a correção das bolsas. Apresente-me documentos!

C. Qual é o verbo apropriado?

A	B
1. tirar	a) a responsabilidade
2. apanhar	b) o metro
3. tomar	c) atenção
4. prestar	d) fotografias
5. levantar	e) um desgosto
6. assumir	f) um comprimido
7. sofrer	g) um empréstimo
8. pedir	h) voo

IV - Gramática

A. Verbos derivados de TER: obter, manter, reter, entreter-se, deter, conter, abster-se.
Escolha o verbo mais apropriado e conjugue-o na forma correta.

1. Este livro ______________ muitos exercícios de prática oral.
2. A Teresa ainda não ______________ uma resposta à candidatura para o Erasmus.
3. É melhor que o Gonçalo ______________ na discussão sobre a nova lei que regulamenta as candidaturas. Ele tem uma opinião muito radical e pode ser prejudicial para ele.
4. Preciso de sair por uns momentos. Oxalá as crianças ______________ com os jogos e com os livros. Não vou demorar muito.
5. Qualquer que seja a situação, a Leonor nunca perde o controlo: ______________ sempre a calma.
6. O Ministério da Educação ______________ os documentos até à véspera da partida da Teresa para Toledo.
7. O jornal de hoje diz que, antigamente, ______________ mais traficantes do que atualmente.

B. Presente do Conjuntivo ou Presente do Indicativo? Junte A + B para completar as frases corretamente.

A	B
1. Hoje vou àquela livraria que	a) dure mais uns tempos.
2. Não acho que eles	b) têm dificuldade em aprender línguas.
3. Vou mandar arranjar o meu computador para que ainda	c) ele consegue estudar.
4. Há pessoas que	d) tem livros em saldo.
5. Há quem	e) diga que não é difícil.
6. Mesmo com barulho	f) consigam apanhar o comboio das 8:00.

C. Substitua a parte destacada pelo pronome apropriado.

1. Eles visitarão ***os tios*** na próxima semana.
2. Nós traremos ***os dicionários*** amanhã.
3. Ela disse que preencheria ***o formulário*** ainda esta tarde.
4. Eu comprarei uma nova enciclopédia geográfica para ***o Jorge***.
5. O António fará ***o estágio*** no próximo ano.
6. Eu pedirei ajuda ***aos meus amigos*** para acabar este trabalho.

V - Alguns sons mais difíceis

9 **Ouça o texto e complete.**

O José trabalha na __ecretaria da Univer__idade de Lisboa. Todos os dias ele come__a a trabalhar por volta das 9:00 até ao meio-dia e meia. Normalmente, come só uma sandes e bebe um __umo, porque prefere __antar melhor, ao fim do dia, quando ___ega a casa. Mas antes de recome__ar o trabalho, ele e os colegas vão até à cantina para tomarem um café. Embora o café não se __a muito bom, é baratí___imo.

Depois, volta para a secretaria e continua a trabalhar: anali__a os proce___os dos alunos e preen___e fi___as de presen__as. Todos os dias o mesmo. Ele espera mudar de trabalho ainda este ano. Tem esperan__a nisso.

Para se di__trair um pouco, inscreveu-se num curso de antropolo__ia que frequenta à noite, depois de sair dali. É um jovem com muita capa__idade e que vai longe...

Ouça o texto.

10

UMA VISITA POR LISBOA

O Robert é americano e está em Portugal pela primeira vez. Os antepassados dele eram portugueses: os avós maternos eram de uma região perto de Aveiro, uma cidade muito bonita que fica na costa litoral. É por este motivo que ele tem aqui, em Portugal, alguns primos, mais ou menos da idade dele. Um desses primos, o Hélder, vive em Lisboa, é estudante de História e tem-lhe mostrado vários locais de interesse cultural. Hoje, o Hélder decidiu mostrar Belém e Alfama ao primo.

– Olha, Robert, chegámos.

– Isto já é Belém?

– Sim, é. Olha, ali é o Mosteiro dos Jerónimos.

– E aquele edifício tão moderno… O que é?

– Ah, aquele é o Centro Cultural de Belém. Costumamos chamar-lhe só CCB.

– Ah…

– Bem, depois vamos lá ver uma exposição de arte moderna. É gratuita.

– Os jardins são fantásticos…

– São, são. Vamos primeiro à Torre de Belém. É o meu monumento preferido.

…

– Queres que te fale das origens e características da Torre?

– Claro. Mas vamos subindo, não é?

– Sim, vamos. Esta Torre é um dos monumentos mais significativos de Lisboa. No início, estava cercada por água, mas com o tempo foi envolvida pela praia até hoje estar em terra firme. Começou a ser construída em 1514, durante o reinado de D. Manuel I. Já ouviste falar deste rei, não ouviste?

– Não.

– Ficou concluída em 1520. Foi durante o reinado de D. Manuel I que Portugal alcançou grande prestígio com os Descobrimentos. Por isso se fala do Estilo Manuelino.

– Ah…

– A Torre tem influências islâmicas e orientais e são essas influências que caracterizam o Estilo Manuelino. Repara, Robert: a decoração do exterior está cheia de cordas, nós esculpidos na pedra... Ali podes ver um rinoceronte que é alusivo às navegações. Tem estas esferas armilares.

– Era importante que naquela época houvesse bons artistas para fazer tudo isto.

– Não duvides. Acho que, se fosse hoje, esta Torre não ficava mais rica arquitetonicamente. Vamos subir mais. Daqui podes observar que esta parte por baixo do terraço está em Estilo Gótico e serviu de prisão.

– Tem um ar muito austero.

– Pois tem. Para que tenhas uma ideia mais concreta, posso dizer-te que a estrutura da Torre é composta por dois elementos principais: a torre e o baluarte, de onde se destacam as guaritas cilíndricas.

– Belíssimo.

– Sem dúvida. Vamos subir um pouco mais para que possas ver a vista lá de cima.

– Fantástico. Deixa-me tirar umas fotografias.

– À vontade.

Agora leia...

I - Compreensão oral

A. Ouça as frases sobre o texto e responda marcando verdadeiro ou falso.

	V	F
1.		
2.		
3.		
4.		
5.		

12

B. Ouça o texto que se segue e complete os espaços.

A Casa dos Bicos

Depois de voltarem de Belém e embora já fosse um pouco tarde, o Hélder ainda levou o ______________ até Alfama mas, no caminho, o Robert viu a Casa dos Bicos e quis saber ______________ sobre aquele edifício tão bonito e "diferente". Então, para que o Robert ficasse bem informado, o Hélder falou um pouco sobre aquela ______________.

– Olha, a Casa dos Bicos foi construída por volta de 1523. Inicialmente, foi pensada para que fosse um edifício ______________ com quatro andares, com loja, sobreloja e dois andares privados. Mas depois aconteceu o ______________ de 1755 e ficou muito destruída. A parte ______________ e os dois andares superiores ficaram completamente em ruínas.

– Oh! Que pena...

– Pois foi. Nos séculos seguintes o edifício foi sucessivamente modificado.

– E esta casa chegou a ter alguma ______________?

– Sim, teve. Foi ______________ da Associação do Comércio Marítimo da Índia. Mas como eu te estava a dizer, no século passado, ela foi comprada pela Câmara Municipal de Lisboa, que procedeu a trabalhos de reconstrução e restauro. Nos anos 80, aumentaram os dois andares que tinham ruído.

– Mas eu lembro-me que já vi um ______________ na televisão sobre uma casa semelhante a esta.

– É bem possível. Parece que há duas casas semelhantes em Itália: uma em Ferrara e outra em Bolonha.

– Ah... Foi isso que eu vi.

– No interior, há uma grande quantidade de ______________ arquitetónicas importantes. É aqui que funciona a sede da Fundação José Saramago.

– Aquele que recebeu o Prémio Nobel?

– Esse mesmo. Bem, agora vamos para casa jantar.

II - Oralidade

1. Fale sobre um dos monumentos mais importantes da sua cidade ou país.

2. Quando visita um país estrangeiro quais são as coisas que mais aprecia ver.

III - Vocabulário

A. O verbo DAR tem diferentes sentidos, dependendo da preposição que lhe sucede. Procure na coluna B o significado correto.

A	B
1. dar com	a) ter uma boa relação com
2. dar para	b) encontrar
3. dar-se com	c) resultar
4. dar em	d) aperceber-se de; tomar consciência de
5. dar por	e) ter vocação para; estar situado em frente de

13

B. Ouça as seguintes palavras e escreva o antónimo correspondente.

1. ______________________
2. ______________________
3. ______________________
4. ______________________
5. ______________________
6. ______________________
7. ______________________

C. Expressões idiomáticas com partes do corpo. Escolha a palavra apropriada.

1. Já não posso ouvir mais a Joana. Estou *farta* dela *até aos* ______________.

olhos **cabelos** **pés**

2. Ontem vi um fato tão bonito que *perdi a* ______________ e comprei-o.

orelha **cara** **cabeça**

Unidade 3

3. Embora o diretor fosse muito cético, *aceitou* a nossa proposta *de* ____________ *abertos.*

ouvidos **olhos** **braços**

4. O Hélder é muito teimoso, nunca *dá o* ____________ *a torcer.*

braço **ombro** **cotovelo**

5. Estou cansadíssima. Esta noite *não preguei* ____________. Estive a acabar um relatório importante.

estômago **braço** **olho**

6. Na sexta-feira passada fui a casa da Marina e *dei com o* ____________ *na porta.*

peito **olho** **nariz**

7. Hoje pareces cansada. Estás *com má* ____________ .

cara **face** **cabeça**

IV - Gramática

A. Reescreva as frases abaixo, passando o verbo introdutório para o Imperfeito do Indicativo e faça as alterações necessárias.

1. O João quer que tu vás lá a casa ainda esta noite.

   O João queria que tu ________________________.

2. Ele diz que não volta sem que visite toda a cidade.

   Ele dizia que ________________________.

3. É melhor que o Gonçalo reveja este trabalho.

   ________________________.

4. Eu agradeço que me digas toda a verdade.

   ________________________.

5. Duvidamos que eles sejam capazes de fazer este exercício.

   ________________________.

6. O rececionista fica na receção até que sejam horas de sair.

   ________________________.

7. Os meus amigos desejam que tudo corra bem na ausência deles.

   ________________________.

B. Siga o exemplo e escreva frases no Imperfeito do Conjuntivo. Use as preposições e artigos em falta.

muito dinheiro e poder / ajudar crianças / bairros pobres
Se eu tivesse muito dinheiro e poder, ajudava as crianças dos bairros pobres.

1. tempo livre / cuidar idosos / sem família

____

2. muitos livros / dar / escolas / crianças / estudar

____

3. vizinhos / ser barulhentos / noite / chamar polícia

____

4. ter / casa grande / convidar amigos / festa

____

5. ir / Belém / ir comer / pastéis de nata

____.

C. Complete os espaços com preposições de regência verbal.

1. Fui àquele museu porque os estudantes beneficiam ________ um desconto de 20% durante a semana.
2. O Hélder insistiu ________ o primo para irem a Alfama.
3. Preciso ________ falar com os meus alunos esta tarde.
4. Desculpe, importa-se ________ mudar de lugar? Este lugar está reservado.
5. O Lucas parece-se ________ a mãe: os olhos, o nariz…
6. Ele foi impedido ________ entrar na discoteca por ir de calções e *t-shirt*.

V - Alguns sons mais difíceis

Ouça o texto e complete.

14

A Reserva Natural do Estuário do Te__o foi criada em 1976 e está situada perto de Alco__ete. Ocupa uma superfície de 14 560 hectares e abran__e uma e__tensa área das águas do estuário.

É uma das reservas naturais mais importantes da Europa: tem uma e__tensa zona húmida com grande biodiversidade e *habitats* variados.

O estuário do Te__o funciona como local para cria__ão de peixes (por exemplo: linguados e robalos).

Está integrada numa paisagem paradi__íaca e única. Vale a pena uma visita.

Ouça o texto.

15

MARCAR UMA VIAGEM

O senhor Pereira e a mulher estão reformados desde há alguns anos, mas gostam de se manter ativos. Eles apreciam muito ir ao teatro, ao cinema e viajar. Já fizeram várias viagens, quer ao estrangeiro, em excursões organizadas, quer aqui em Portugal. Decidiram que nestas primeiras semanas de primavera podiam ir até ao Norte: ao Buçaco e depois à Peneda-Gerês. Como são pessoas muito organizadas, acharam que talvez fosse uma boa ideia irem até uma agência de viagens e fazerem as marcações através deles. Seria muito mais prático.

Na agência:

– Boa tarde.

– Boa tarde. Façam o favor de se sentarem.

– Com licença.

– Em que posso ser útil?

– Nós gostamos de viajar e pensámos que esta seria uma boa oportunidade para irmos até ao Norte… O tempo começa a ficar bonito e já não está tanto frio.

– E já têm uma ideia para onde querem ir?

– Sim. Embora esteja nos nossos planos levar carro, queremos reservar alojamento no Buçaco e depois no Gerês. Têm folhetos para podermos escolher?

– Com certeza. Mas digam-me uma coisa: vão só usufruir do alojamento nesses dois locais ou também pretendem fazer tratamentos termais?

– Bem, não tínhamos pensado nisso, mas não nos parece que seja má ideia. O que é que achas Manuela?

– Eu, por mim, aproveitava e fazia termas.

– Bem, nesse caso tenho aqui uns pacotes que talvez vos interessem. Deixem-me procurar… Ah! Aqui estão eles: este aqui é do Buçaco. Já conhecem?

– Não, ainda não.

– Mas vão gostar. Quantos dias vão ficar em cada um dos lugares?

– Talvez fiquemos cinco dias no Buçaco e depois uma semana no Gerês.

– Ora aqui está! Podem ficar no Hotel do Buçaco em duas modalidades: meia-pensão ou pensão completa.

– Seria mais agradável se ficássemos em regime de pensão completa.

– Também concordo, porque, caso queiram fazer termas, torna-se mais prático. Tenho aqui um pacote para quatro noites, pensão completa e direito a um tratamento por cada hóspede. Aqui têm o preço já com tudo incluído.

– E podemos entrar já no sábado?

– Sim, claro! Eles têm vagas. Podem entrar a partir do meio-dia de sábado e devem deixar o quarto na quarta-feira após terem feito o tratamento. Até às 4 ou 5 horas, não há problema. Posso marcar a reserva?

– Claro! E o Gerês?

– Vamos já ver o que há aqui no computador. Têm um hotel pequenino, mas muito acolhedor. Só não servem jantar.

– Hummm…, esse não. Não há nenhum no sistema do do Buçaco?

– Sim, parece-me que… aqui está um: fica mesmo no centro da vila, tem pensão completa e uma vasta gama de tratamentos termais.

– E o preço?

– Este aqui, por sete noites e com tudo incluído, custa 840€ nesta época. Ah, mas tem aqui uma cláusula. Deixem-me ver… Ah, sim, fazem um desconto de 10% para pessoas a partir dos 65 anos.

– Ah! Então esse é muito bom.

– Sim, por mais que procurassem não iam encontrar melhor.

– Então, reserve já. Deixamos sinal ou pagamos já tudo?

– Como queiram.

– Nesse caso, pagamos tudo.

– Então, esperem só mais um pouco até que vos dê o *voucher*.

Agora leia...

I - Compreensão oral

A. Ouça as perguntas sobre o texto e escreva as respostas.

16

1. ______________________________

2. ______________________________

3. ______________________________

4. ______________________________

5. ______________________________

17

B. Ouça o texto que se segue e complete os espaços.

A Serra do Buçaco

A Serra do Buçaco fica situada perto de Coimbra e tem 549 metros de ______________. À volta desta serra existe uma ______________ que foi mandada plantar pela Ordem dos Carmelitas Descalços no princípio do século XVII.

Também na Serra do Buçaco foi construído o Convento de Santa Cruz do Buçaco, onde hoje é um Hotel de muito ______________. A arquitetura deste hotel é ______________ aos elementos que fazem parte da Torre de Belém, do Mosteiro dos Jerónimos e do Convento de Cristo de Tomar.

A área que está ocupada pela mata é considerada como uma área protegida por ter uma grande ______________ de árvores e plantas únicas em todo o Mundo. Também existe uma ______________ muito famosa: a Fonte Fria. Tem este nome exatamente ______________ à frescura da sua água.

Há quem diga que a Serra do Buçaco é um pouco como a de Sintra: cheia de ______________ e misticismo difíceis de explicar.

É um local paradisíaco que merece uma visita em qualquer época do ano, pois o seu esplendor é fantástico.

II - Oralidade

1. Se um(a) amigo(a) seu (sua) fosse visitar o seu país, que lugares recomendaria e porquê?

2. Que tipo de férias prefere: radicais, organizadas por si ou por uma agência? Justifique.

III - Vocabulário

A. Procure na coluna B o significado das expressões.

A	B
1. Estar na ordem do dia	a) Em caso de dúvida
2. Estar em voga	b) Acreditar no que lhe dizem
3. Ir na conversa	c) Estar na moda
4. Pelo sim pelo não	d) Explicar de modo mais claro
5. Trocar por miúdos	e) Ser um tema atual

B. Complete o diálogo com a palavra ou expressão mais apropriada.

quando é que te dá jeito ***E que tal se fôssemos*** ***ocupada***

oportunidade ***convinha-me***

- Olá Alda! Há tanto tempo que não te via.
- Olá, Anabela! Não estava nada à espera de te encontrar por aqui. Sim, há muito que não nos víamos.
- ______________________ tomar um café e pôr a conversa em dia?
- Sim, era uma boa ideia, mas eu estou cheia de pressa. Vou ter uma reunião.
- Andas sempre muito ______________________. Para um pouco e relaxa!
- Isso é impossível. Havemos de encontrar uma outra ______________________.
- Então, diz lá: ______________________?
- Talvez... deixa cá ver na minha agenda. Olha, ______________________ mais na próxima semana.
- Quando?
- Depois combinamos. Eu tenho o teu número de telemóvel.
- Acho que precisas de descansar numas termas!
- Eu? Porquê?

C. Qual é o substantivo da mesma família?

marcar	→	*a marcação*
organizar	→	
praticar	→	
alojar	→	
usufruir	→	
tratar	→	
acolher	→	
reservar	→	

IV - Gramática

A. Complete este e-mail com o tempo verbal mais apropriado.

Correio :: Composição de Mensagem

Nova Mensagem

Enviar | Guardar Rascunho | Verificar Ortografia | Cancelar

De: jojo@portugalmail.pt

Para: leo_a_b_c@portugalmail.pt

Guardar na pasta "Enviadas"

Pedir Aviso de Leitura

Adicionar Cc | Adicionar Bcc

Assunto:

Prioridade: Normal

Anexar: Choose File no file selected 0 / 15 MB

Querida Leonor,

Espero que não ________________ (pensar) que te ________________ (esquecer), mas ________________ (ter) muito trabalho ultimamente. Esta é uma época de mudanças e nós ________________ (trabalhar) quase nove horas por dia desde o início do ano.

E tu? Como ________________ (passar) desde que ________________ (estar) juntas pelo Natal? E os teus filhos? Não creio que eles te ________________ (dar) muitas preocupações, pois não?

Hoje de manhã, quando ________________ (ir) para o escritório, ________________ (encontrar) a Manuela. ________________ (nós / estar) a falar um pouco, mas ela anda sempre cheia de pressa. Por mais que eu ________________ (tentar) combinar um dia para ________________ (tomar) qualquer coisa, ela nunca pode.

Gostava que me ________________ (mandar) notícias aí de cima. Já ________________ (ter) saudades dos nossos amigos e também, é claro, da minha família. Embora eu lhes ________________ (telefonar) quase dia sim dia não.

Caso ________________ (vir) a Lisboa nos próximos tempos, ________________ (dizer) qualquer coisa. Podes ficar cá em casa. ________________ (ter) muito gosto.

É bem possível que ________________ (nós / ir) ter umas noitadas de conversa e saídas a uns barzinhos que ________________ (abrir) há pouco tempo.

Olha, ________________ - me (telefonar) nem que ________________ (ser) só por uns momentos.

Beijinhos e fico à espera de notícias tuas.

Joana

B. Verbos derivados de PÔR: expor, impor, propor, supor, opor, dispor.
Escolha o verbo mais apropriado e conjugue-o na forma correta.

1. Ontem de manhã os alunos ______________ um tema muito interessante na aula.
2. Embora eu me ______________ ao despedimento, não pude fazer nada por eles.
3. Caso tu ______________ uma boa ideia, nós aceitamo-la!
4. A Karin é muito amável. Disse-me que ______________ da casa dela, durante todo o tempo em que eu ficasse na Alemanha.
5. ______________ que não tens razão. O que é que fazes depois?
6. Detesto que me ______________ regras!

C. Complete as frases da coluna A com as da coluna B, usando algumas locuções condicionais: *a não ser que, desde que, exceto se, a menos que, dado que*.

A	B
1. Estamos a pensar ir amanhã à praia,	a) **exceto se** sair muito tarde do escritório.
2. Talvez vá contigo às compras,	b) **a menos que** prefiras ir ao teatro.
3. Eu faço o jantar para dez pessoas,	c) **desde que** vás tu às compras.
4. Podemos ir ao cinema hoje,	d) **a não ser que** chova e faça frio.
5. Ela não vem trabalhar hoje,	e) **dado que** está com febre e tosse.

V - Alguns sons mais difíceis

Ouça o texto e complete.

8

O Parque Nacional da Peneda-___erês tem uma área de mais de mil hectares de zona prote___ida. Este parque abran___e a Serra Amarela, a Serra do ___erês e a Serra da Peneda.

Tem uma paisa___em ma___nífica, com uma grande variedade de plantas, flores e árvores. O parque tem uma característica muito interessante: tem a forma de uma lua min___uante, sendo mais verde e frondoso no centro e mais seco e de ve___etação esca___a nos e___tremos.

Ouça o texto.

19

UMA VIAGEM DE COMBOIO

O Manuel recebeu a visita de um amigo checo que nunca tinha vindo a Portugal. Ele chegou há três dias e o Manuel decidiu que era agradável que conhecesse alguns sítios interessantes e, porque não?, fazerem uma viagem de comboio até ao Porto para que pudessem desfrutar da paisagem.

Apanharam o metro até à estação do Oriente e, logo aí, o Marek ficou surpreendido com a estação.

– Mas que estação tão bonita, Manuel! E tão moderna!

– É verdade: é bastante moderna. Foi construída, assim como tudo aqui à volta, para a Expo 98.

– A Expo 98?

– Sim. Agora chama-se Parque das Nações, mas foi construída para a Exposição Mundial de 1998. Bem, mas vamos comprar os bilhetes para que não nos atrasemos.

– Mas quem construiu esta estação?

– Foi Calatrava…

– Quem?

– Calatrava é um arquiteto e engenheiro espanhol, de Valência.

– Ah…!

Na bilheteira:

– Bom dia, queríamos dois bilhetes de ida e volta para o Porto.

– Preferem ir no Alfa Pendular ou no Intercidades?

– Qual é a diferença?

– O Alfa Pendular é mais rápido, demora cerca de duas horas e meia, mas é um pouco mais caro. Se acharem que têm mais tempo, pois então aconselho o Intercidades. É mais económico e tem horários mais alargados.

– Quanto tempo demora a viagem no Intercidades?

– Demora cerca de três horas.

– Temos comboio agora?

– Sim, têm. Têm um que parte às 9:39 e chega ao Porto-Campanhã às 12:39. Se quiserem, podem apanhar o outro a seguir que é às 11:39 e chega lá às 14:39.

– O que é que achas, Marek?

– Por mim, vamos já neste.

– Então queremos dois bilhetes.

– Ida e volta?

– Sim.

– São estudantes ou têm o Cartão Jovem?

– Sim, eu tenho vinte e um e ele tem vinte anos. Ambos somos estudantes.

– Têm identificação?

– Aqui está.

– Ótimo. Neste caso beneficiam de um desconto de 20% por serem estudantes e mais 10% por comprarem já o bilhete de volta.

– Boa!

– Aqui estão os bilhetes e não se atrasem. O comboio está quase a entrar na linha 2. Boa viagem e divirtam-se!

– Obrigado! Bom dia.

I - Compreensão oral

A. Ouça as frases sobre o texto e responda marcando verdadeiro ou falso.

20

	V	F
1.		
2.		
3.		
4.		
5.		

B. Ouça o texto que se segue e complete os espaços.

21

A Cidade do Porto

A cidade do Porto é ______________ como a Capital do Norte ou Cidade Invicta. Nesta cidade vivem cerca de 216 080 ______________. É a cidade que deu o nome a Portugal, quando se chamava *Portus*. Mais tarde veio a chamar-se *Portucale*.

É uma cidade muito famosa, principalmente pelo vinho que é ______________ nos ______________ e fabricado nas várias Caves que ficam na outra ______________ do rio Douro.

O Porto possui muitos espaços culturais que são uma referência não só em Portugal como no ______________. Tem vários ______________, entre eles o Museu de Arte Contemporânea que está integrado num belíssimo parque: Serralves.

A Fundação de Serralves foi desenhada pelo arquiteto Siza Vieira e ______________ o Museu de Arte Contemporânea, a Casa de Serralves e o parque e jardins que estão à volta.

Sempre que falarmos do Porto, temos de referir a Casa da Música, que é a principal sala de ______________ desta cidade. Foi construída para a inauguração do *Porto - Capital Europeia da Cultura* (2001).

Quando se fala da cultura portuense, não podemos deixar de falar da gastronomia. A gastronomia do Porto é muito boa. Vale a pena experimentar algum dos pratos ______________ da região do Douro.

II - Oralidade

1. Gosta de música? Qual é o tipo de música que prefere? Conhece alguma música portuguesa: cantor ou grupo?

2. Já provou o Vinho do Porto? Se sim, diga qual prefere: o tinto ou o branco? O Vinho do Porto é conhecido no seu país?

III - Vocabulário

A. Há palavras que têm o mesmo som, mas uma grafia e sentido diferente. São palavras homófonas.

Diga qual é o significado de cada uma destas palavras.

1. concerto: ____________________
2. conserto: ____________________
3. acento: ____________________
4. assento: ____________________
5. apreçar: ____________________
6. apressar: ____________________

B. Ouça as frases e escolha a expressão idiomática mais apropriada.

22

fugir a sete pés ***custar couro e cabelo***

meter a viola no saco

levar uma tampa ***dar em águas de bacalhau***

1. ____________________
2. ____________________
3. ____________________
4. ____________________
5. ____________________

C. Complete o quadro com o verbo, o substantivo e o adjetivo com a mesma raiz etimológica.

Verbo	Substantivo	Adjetivo
	a viagem	
		atrasado
demorar		
	o benefício	
	o divertimento	

Unidade 5

IV - Gramática

A. Transforme as frases que se seguem, começando como indicado.

1. Vais ao Porto no próximo fim de semana. Visita as Caves do Vinho do Porto.

   Se ______________________________

   visita as Caves do Vinho do Porto.

2. É possível que ela ainda não saiba o que aconteceu. Até lá não lhe digas nada.

   Enquanto ela ______________________________

   não lhe digas nada.

3. As pessoas com muito talento para a música poderão estudar no Conservatório do Porto.

   Quem ______________________________

   poderá estudar no Conservatório do Porto.

4. Chegas a casa e telefonas-me.

   Logo que ______________________________, telefona-me.

5. Não sei quem vem à festa. Mas será bem recebido.

   Aqueles que ______________________________, serão bem recebidos.

B. Conjugue os verbos dados no Futuro do Conjuntivo.

1. Quando (começar) ______________ o concerto, as luzes apagar-se-ão e haverá silêncio na sala.
2. Assim que eles (chegar) ______________ ao Porto, irão almoçar perto da Ribeira.
3. Enquanto não (provar) ______________ o Vinho do Porto, não poderão dar uma opinião.
4. Sempre que tu e os teus amigos (vir) ______________ a Portugal, poderão ficar lá em casa.
5. Prometo que farei o que tu me (aconselhar) ______________ .

6. Tenho a certeza que vais gostar deste grupo musical quando os (ouvir) ______________ .

7. Sr. Gonçalves, trate desse assunto conforme (considerar) ______________ mais conveniente.

8. Todos aqueles que (trazer) ______________ um documento identificativo, terão um desconto de 20%.

9. Se tu (querer) ______________, podemos ir até Serralves esta tarde.

10. Parece-me que eles irão aonde nós os (aconselhar) ______________ .

C. Complete com as preposições POR ou PARA. Faça a contração quando necessário.

1. Esta tarde eles irão __________ o Porto.
2. O Rodrigo ainda não chegou __________ estar doente.
3. Por favor, façam este exercício __________ amanhã.
4. Como a Isabel está doente, vou fazer estes relatórios __________ ela.
5. O autocarro n° 722 passa __________ o jardim.
6. Esse jornal que tu gostas tanto de ler sai duas vezes __________ semana.
7. Eles foram ao Porto __________ visitarem os locais mais interessantes.
8. Acho que eles devem chegar ao Porto __________ o meio-dia e meia.

V - Alguns sons mais difíceis

Ouça o texto e complete.

23

O Porto é uma cidade com uma __astronomia muito variada, mas muito pe__ada. O prato mais tradi__ional é as Tripas à Moda do Porto. É um prato histórico que tem as suas ori__ens na época dos Descobrimentos Portugueses. Pode-se comer este prato tradi__ional em muitos dos restaurantes desta cidade.

Para além deste prato, também as Fran__esinhas são muito famosas. São feitas com pão, tipo uma sandes recheada com várias carnes e coberta com quei__o e um mo__o muito especial.

Também se come baca__au no Porto e uma das maneiras mais famo__as é o Baca__au à Gomes de Sá.

Ouça o texto.

24

INSCRIÇÃO NUM GINÁSIO

A Marianne está a viver em Portugal há quase dois anos. Ela trabalha numa companhia de seguros e já fala português muito bem. Também já tem um grupo de amigos – alguns deles foram-lhe apresentados por colegas lá da companhia, com quem costuma sair. Vive muito perto de Lisboa e agora decidiu tirar um tempo para ela ao fim do dia: foi inscrever-se num ginásio. Não é por uma questão estética, mas sim porque sempre praticou desporto e agora sente a falta dele.

– Boa tarde!

– Boa tarde! Eu gostava de obter algumas informações sobre as vossas modalidades.

– Mas há alguma modalidade que prefira?

– Bem, eu sempre pratiquei desporto e desde há algum tempo que não o faço. Costumava andar muito de bicicleta, fazia natação e aeróbica. Por isso mesmo, gostava de retomar uma prática desportiva.

– Nesse caso, vou primeiro falar-lhe das modalidades que temos e depois vou mostrar-lhe as instalações.

– Ótimo!

– Também temos aulas de aeróbica, *step*, método Pilates, musculação, ginástica localizada e *cardiofitness*. Para além destas atividades, como temos uma piscina interior aquecida, também há aulas de hidroginástica e pode fazer natação.

– Uhmmm… parece-me interessante. E os preços e horários?

– Quanto aos horários, vou entregar-lhe um dos nossos folhetos. Como nós funcionamos como um clube, é necessário que se faça sócia. Paga uma joia vitalícia de 120€. Mensalmente paga 60€, mas com livre trânsito.

– Livre trânsito?

– Sim. Eu explico: ao pagar 60€ mensais pode frequentar as modalidades desportivas que quiser, quando quiser. Venha quando vier, faça o que fizer, o preço é sempre o mesmo.

– Parece-me interessante. Posso ver as vossas instalações? Têm balneários, não é verdade?

– Sim, com certeza, e muito bem equipados, com cacifos e tudo!

Depois de terem visto as instalações...

– Então, gostou?

– Sim, sim. Sem dúvida. Diga-me: o que necessito de fazer para me inscrever?

– Basta preencher este formulário. Vou entregar-lhe o nosso formulário de regras de comportamento dentro das instalações e um horário. Depois é só começar.

– Excelente. Muito obrigada. Logo que me for possível, passarei por cá para uma primeira aula!

– Faz muito bem. Boa tarde e até breve.

– Muito boa tarde e obrigada.

Agora leia...

I - Compreensão oral

A. Ouça as perguntas sobre o texto e responda por escrito.

25

1. ______________________________

2. ______________________________

3. ______________________________

4. ______________________________

5. ______________________________

B. Ouça o texto que se segue e complete os espaços.

26

A Prática de Desporto

Para que tenhamos uma vida ______________, não basta a prática de desporto. É necessário que se tenha cuidado com a alimentação.

Ultimamente, muitas pessoas têm ______________ uma diminuição ______________ da atividade física: deslocam-se frequentemente de carro, usam o ______________ em vez das escadas, contribuindo tudo isto para uma vida mais ______________.

Este é o motivo que leva muitas pessoas a procurarem um ginásio onde possam exercer atividade física. Muitas delas têm ______________ de que esta atitude serve não só o lado estético, mas também o ______________ a certas doenças, tais como: diabetes, obesidade, hipertensão arterial ou problemas relativos às articulações.

Se se propuser a praticar desporto de uma forma regular, vai beneficiar. Contudo, esse plano de exercício físico deverá ser ______________ à sua própria condição. Sempre que tiver tempo, faça ______________ acelerada durante 30 a 60 minutos ou corra a velocidade ______________ entre 20 e 30 minutos.

Quem se decidir pela prática de desporto deverá, numa fase inicial, fazer períodos mais curtos até ______________ os objetivos a que se propõe.

II - Oralidade

1. Pratica desporto? Em caso afirmativo, diga qual (ou quais) e quantas vezes por semana o faz?

2. Acha que o aumento de número de ginásios e de pessoas que os frequentam é uma questão de moda? Ou de maior consciência quanto aos benefícios na saúde?

III - Vocabulário

A. O verbo FICAR tem diferentes sentidos, dependendo da preposição. Procure na coluna B o significado correto.

A	B
1. ficar com (*coisas*)	a) combinar algo; comprometer-se a
2. ficar de	b) terminar, acabar; não fazer
3. ficar em	c) permanecer; estar situado em
4. ficar para	d) adiar
5. ficar por	e) guardar

B. Complete o diálogo com a palavra ou expressão mais apropriada.

se calhar	*vou pensar nisso*	*achas que sim*
exagero	*para dizer a verdade, não sei se será*	

- ● Olá Luísa!.
- ■ Olha... a Paula por aqui... Há tanto tempo que não te via! Como estás?
- ● Estou bem. E tu?
- ■ Eu também vou andando, mas com muito trabalho.
- ● Lá na empresa?
- ■ Na empresa... em casa... Ando com falta de paciência. Só me apetecia ir para bem longe e não ver ninguém.
- ● Não digas isso. Que ________________________ ! Porque é que não tiras um tempo para ti?
- ■ Mas para fazer o quê?
- ● ________________________ podias inscrever-te num ginásio, ou ires correr no estádio ao fim da tarde...
- ■ ________________________ ? Mas... e tempo para fazer isso?
- ● ________________________ boa ideia essa vida que levas. Olha que daqui a pouco tempo podes vir a sofrer com o resultado de tanta tensão!
- ■ Sim, já não sou assim tão jovem... Olha, ________________________.
- ● Fazes muito bem. E segue o meu conselho!
- ■ Prometo. Vamo-nos mantendo em contacto, sim?
- ● Por mim..., estou sempre disponível!

C. Como se chama...?

A	B
1. a pessoa que sabe várias línguas	a) órfão
2. trata das doenças das crianças	b) pediatra
3. dirige uma orquestra	c) futebolista
4. joga futebol	d) norte-americano
5. nasceu nos Estados Unidos	e) poliglota
6. não tem pai ou mãe	f) maestro
7. coleciona selos	g) filatelista

Unidade 6

IV - Gramática

A. Complete as frases com os verbos dados, conjugando-os na forma correta.

1. ______________ onde ______________, eu mando-te um e-mail. (*estar*)
2. ______________ para onde ______________, leva sempre o teu computador, pode ser necessário. (*ir*)
3. ______________ o que ______________, os preços aqui são bastante mais elevados do que no teu país. (*comprar*)
4. ______________ com quem ______________, não se esqueçam de convidar para subirem e tomarem um café. (*vir*)
5. ______________ quando ______________, telefonem-me antes. (*partir*)
6. ______________ a quem ______________, vais receber sempre a mesma resposta. (*perguntar*)

B. Conjugue os verbos dados no Futuro do Conjuntivo, Futuro Imperfeito do Indicativo ou Infinitivo Pessoal.

1. Se vocês ______________ (*ter*) oportunidade, não hesitem em se inscrever naquele ginásio: tem umas boas condições.
2. No caso de os vosso amigos ______________ (*chegar*) ainda hoje, vamos preparar-lhes uma pequena festa de boas-vindas.
3. Amanhã à tarde, a Teresa e o José ______________ (*visitar*) a exposição que está patente na Gulbenkian.
4. Enquanto tu e a Maria ______________ (*estar*) cá em casa, podem usar a cozinha à vontade, incluindo os eletrodomésticos.
5. Para ______________ (*chegar*) a horas, temos de nos despachar.
6. Assim que nós ______________ (*começar*) as aulas de manutenção, vamo--nos sentir muito melhor.

C. Complete com: portanto / por tanto; senão / se não; contudo / com tudo; decerto / de certo.

1. Falaram-me ______________ ginásio aqui perto da nossa casa. Mas não sei qual é.
2. Mas sempre é verdade que tu vais lá ficar ______________ tempo? Vais ter saudades nossas!
3. ______________ sabes fazer isso, deixa para quem saiba!
4. Quanto àquele assunto que foi tão discutido na imprensa, ______________ que estás de acordo comigo: ele não tem razão nenhuma.
5. A Joana estava cheia de febre esta manhã. ______________ foi trabalhar.
6. Eu gostava imenso de ir a essa festa, mas só há um ______________: não tenho roupa apropriada.
7. ______________ aquilo que fizemos no ginásio esta manhã, não admira que estejamos de rastos.
8. Eles já chegaram. ______________, vou sair e só volto ao fim do dia.

V - Alguns sons mais difíceis

27 **Ouça o texto e complete.**

As inscri__ões para a prática de andebol come__am na pró__ima segunda-feira. É nece__ário diri__irem-se à secretaria do Pavi__ão Desportivo. O horário é o seguinte: das nove e trinta até ao meio-dia e meia e das cator__e até às vinte horas (durante os dias úteis).

Contudo, deverá contactar um dos delegados da modalidade, normalmente durante o horário dos treinos, para que po__a conhe__er mais pormenores.

Para que possa praticar esta modalidade tem de ser só__io do Clube. Traga o Bilhete de Identidade. O pre__o é de 30€ por época para os atletas que não sejam federados.

A inscri__ão como atleta federado e__ige uma foto atuali__ada.

Ouça o texto.

28

O FADO

Os portugueses são conhecidos por serem um povo muito hospitaleiro e por terem uma boa gastronomia. Mas, para além disso, existem vários aspetos culturais dos quais se orgulham: pode ser a História, a Literatura ou, até mesmo, a Música.

Em relação à música há um género musical que é o mais conhecido internacionalmente: o Fado. Mas há quem pergunte como é que surgiu o Fado em Portugal, quem o canta e onde se pode ouvi-lo.

Como muitos outros estrangeiros, a Kathrin e o Vitaly quiseram conhecer as origens do Fado e ir jantar a uma Casa de Fados.

– Pedro, nós temos ouvido falar do fado, mas pouco ou nada sabemos. Queres explicar-nos um pouco para podermos entender melhor?

– Claro que sim. Não sei se vocês sabem, mas o Fado é um estilo musical português que é cantado tanto por um homem como por uma mulher (chama-se fadista). É acompanhado por guitarra clássica, à qual chamam viola, e também pela guitarra portuguesa.

– Mas qual é a origem?

– É curioso... Acreditem ou não, não há uma explicação única e exclusiva sobre a origem.

– Então?

– Aquela que parece ter mais fundamento refere que teve origem nos cânticos dos mouros (que viveram em Lisboa, na Mouraria, depois da Reconquista Cristã) e que acabou por surgir na primeira metade do século XIX.

– Mas a palavra Fado tem algum significado?

– Sim, é claro que tem. Fado vem do latim *fatum* e significa destino.

– Ah! Por isso se diz que é triste.

– Nem sempre é triste, mas muitas vezes tem um carácter melancólico, talvez porque os poemas se refiram à saudade de alguém que se ama ou amou, a uma paixão impossível, à saudade de um lugar onde se viveram momentos felizes, etc. Mas, por outro lado, também há quem defenda que nos séculos XVIII e XIX houve um ritmo muito popular – a Modinha – que, em harmonia com o *lundum* (ritmo proveniente de África), resultou num tipo de canção urbana chamada Fado.

– Quer dizer que não há uma origem certa...

– Pois não. Sabe-se, sim, que na primeira metade do século XX o fado foi adquirindo mais melodia e complexidade rítmica. Também, nalguns casos, os poemas tornaram-se mais elaborados a nível literário e artístico.

– Bem, agora que já nos explicaste a origem, que tal irmos jantar a uma Casa de Fados?

– Boa ideia. Já escolhi uma que me parece ser muito agradável. Depois dar-vos-ei alguns conselhos.

– Conselhos?

– Sim. Esperem até lá chegarmos.

Agora leia...

I - Compreensão oral

29 **A. Ouça as frases sobre o texto e responda marcando verdadeiro ou falso.**

	V	F
1.		
2.		
3.		
4.		
5.		

30 **B. Ouça o texto que se segue e complete os espaços.**

Numa Casa de Fados

Existem muitas Casas de Fado e a maioria delas são restaurantes onde se pode ouvir o fado ao mesmo tempo que se ______________ e aprecia a comida ______________ portuguesa. Há Casas de Fados em zonas mais turísticas e outras em zonas da cidade mais ______________ e que só "alguns" conhecem.

Estas Casas de Fado surgiram inicialmente para ______________ o artista a nível profissional. É cantado de um modo ______________: a luz deve ser pouca para que se crie um ambiente melancólico, ______________. Os fadistas apresentam-se vestidos formalmente de negro. As mulheres fadistas usam tradicionalmente um fato preto até aos pés e um ______________ negro pelos ombros.

Nestes restaurantes é exigido silêncio enquanto o fadista canta. É no ______________ da noite, com todo o mistério que a envolve, que se deve ouvir esta expressão musical que nos fala de sentimentos profundos e da ______________ portuguesa. Por isso, é considerado de mau tom falar ou fazer barulho enquanto se ouve Fado.

Em muitas destas Casas de Fado, o prato só é servido nos intervalos em que o fadista canta e não durante a atuação, de modo a não ______________ esse ambiente.

II - Oralidade

1. Já alguma vez ouviu fado? Em caso afirmativo, qual é a sua opinião?

2. No seu país existe algum tipo de género musical característico? Como se chama? Onde se pode ouvir?

III - Vocabulário

A. Qual é o antónimo da palavra escrita em itálico?

1. Eles escolheram um *ótimo* restaurante para ouvirem o Fado. ______________
2. Os fadistas cantavam muito *bem*. ______________
3. O ambiente era muito *agradável*. ______________
4. O jantar foi muito *demorado*. ______________
5. Um jantar numa Casa de Fados é sempre *dispendioso*. ______________

31

B. Ouça as frases e complete a expressão idiomática mais apropriada.

dor de cotovelo	*de trás da orelha*	*com boa cara*
com o credo na boca		*o coração ao pé da boca*

1. Anda ______________________
2. É ______________________
3. Está ______________________
4. Tem ______________________
5. Tem ______________________

C. Junte A + B de modo a completar os provérbios.

A	B
1. Quem cala,	a) é para todos.
2. Diz-me com quem andas,	b) dir-te-ei quem és.
3. Santos da casa	c) consente.
4. Abril,	d) sempre alcança.
5. Quando o sol nasce	e) não fazem milagres.
6. Quem espera	f) faz o ladrão.
7. A ocasião	g) o que podes fazer hoje.
8. Não deixes para amanhã	h) águas mil.

IV - Gramática

A. Passe o diálogo para o Discurso Indireto e comece como indicado.

– Olá Kathrin, como estás?
– Estou bem, obrigada. Quero apresentar-te o meu amigo Vitaly.
– Muito prazer, Vitaly. Eu sou o Manuel e já conheço a Kathrin desde que ela chegou a Portugal.
– Então, somos todos amigos, não é verdade?
– Claro. Embora o tempo não esteja muito agradável, querem ir dar um passeio junto ao rio?
– Oxalá não chova! O céu está tão nublado…

– Pois está, mas enquanto não chover, vamos aproveitar para passear.
– Vitaly, presta atenção. Estás a ouvir esta música?
– Sim.
– Esta música é típica aqui em Portugal.
– Como se chama?
– Chama-se Fado. Penso que ainda não ouviste.
– Pois não. É a primeira vez. Deixem-me ouvir.

O Manuel disse olá à Kathrin e perguntou-lhe ______________________ ______________________. Ela respondeu que ______________________ ______________________ e disse-lhe que lhe ______________________ ______________________ o amigo dela, o Vitaly.

O Manuel respondeu "muito prazer" e disse que ______________________ e já ______________________ a Portugal.

O Vitaly respondeu que, então, ______________________.

O Manuel concordou e, embora ______________________, perguntou se eles ______________________ até ao rio.

A Kathrin desejou que não ____________, apesar de o céu ____________ nublado.

O Manuel concordou com ela e disse que, enquanto não ____________, ______________________ passear.

O Manuel chamou a atenção do Vitaly e perguntou-lhe se ele ____________ ____________ aquela música.

O Vitaly disse que sim e o Manuel informou-o que aquela música ______________________ aqui em Portugal.

O Vitaly perguntou como se ____________ e o Manuel disse-lhe que se ____________ Fado e que ____________ que o amigo ainda não ____________ ouvido.

O amigo concordou e disse que ____________ a primeira vez e pediu que o ____________ ouvir.

B. Complete o texto com os verbos dados, conjugando-os corretamente.

Em Lisboa ______________ (existir) o Museu do Fado, que ______________ (estar) situado em Alfama, um dos bairros mais populares e antigos da cidade. ______________ (abrir) em 1998 e está consagrado ao mundo do fado e da guitarra.

Ainda que este museu ______________ (ter) uma exposição permanente sobre a história do fado em Portugal, ______________ (ter) também um espaço onde se realizam exposições temporárias.

Embora muitas pessoas ______________ (desconhecer) este lugar cultural, seria bom que ______________ (ser) mais divulgado, pois também ______________ (ter) um centro de documentação, um auditório e uma loja onde se ______________ (vender) livros e CD dos mais variados fadistas.

Também quem ______________ (ter) interesse em ______________ (aprender) a tocar guitarra portuguesa ou viola, poderá fazê-lo dentro deste museu em aulas ministradas por bons profissionais.

C. Qual é o plural?

1. peixe-espada ➔

2. tenente-coronel ➔

3. verde-escuro ➔

4. obra-prima ➔

5. guarda-roupa ➔

6. ex-presidente ➔

7. chapéu de sol ➔

8. lua de mel ➔

V - Alguns sons mais difíceis

32 **Ouça o texto e complete.**

O Fado de Coimbra é e___clusivamente cantado por homens que são acompanhados por músicos que tocam guita___a clá___ica (chamada de "viola") e guitarra portuguesa. Quer uns, quer outros, usam o tra___e académico tradicional da Universidade de Coimbra, composto por um fato preto e uma capa, também preta, a batina.

O Fado de Coimbra é cantado à noite, quase às escuras, em pra___as e ruas da cidade. Há locais muito típicos onde se pode ouvi-lo, por exemplo: nas e___cadarias do Mosteiro de Santa Cru___ e da Sé Velha.

Também se organizam ___erenatas quando os estudantes cantam ___unto da janela da casa da sua amada. Pelo menos, esta era a tradição no passado, agora talvez já não seja e___atamente assim. Mudam-se os tempos...

Resta ainda dizer – e para marcar a diferença em relação ao Fado de Lisboa – que a afinação e a sonoridade da guitarra portuguesa são diferentes das do Fado de Lisboa, porque as cordas são afinadas num tom abai___o, fazendo com que haja uma sonoridade mais soturna em relação ao Fado de Lisboa.

Ouça o texto.

3

A GASTRONOMIA PORTUGUESA

A Gastronomia Portuguesa é muito influenciada pela própria localização geográfica do país: uma enorme costa litoral banhada pelo Atlântico. Isto significa que se come muito peixe fresco, se bem que também sejamos grandes consumidores de bacalhau seco, importado do norte da Europa. Contudo, não se pense que a carne não entra na nossa alimentação, pelo contrário: no norte e no interior do país come-se bastante carne de vaca, porco, cabrito, etc.

O clima é propício ao cultivo de oliveiras, daí que o azeite seja um tempero muito usado entre nós. Também temos uma grande e variada cultura hortícola e frutícola em todo o país.

Embora haja muitos pratos tradicionais, alguns são mais apreciados do que outros, o que é normal. Falemos das carnes:

• *Ensopado de Borrego* – o borrego é guisado com cebolas, alhos e coentros. Estes condimentos dão-lhe um sabor muito particular. É acompanhado com fatias de pão, que são ensopadas no molho do guisado, e tem um aspeto de "sopa". Come-se particularmente no Alentejo.

• Ainda no Alentejo há uma outra comida muito saborosa e tradicional: *Carne de Porco à Alentejana* – é feita com pedaços de carne de porco que são fritos depois de terem estado várias horas numa mistura de pimentão, alho, salsa e louro. Depois desta carne frita, juntam-se amêijoas e acompanha-se com batatas. Como é hábito no Alentejo, por cima deitam-se coentros picados.

• *Cozido à Portuguesa* – é considerado por muitos como o prato nacional. Mas isso é discutível... É feito com vários tipos de carne (vaca, porco, galinha) que são cozidas em muita água. Também são cozidos diferentes tipos de enchidos (chouriço, farinheira, morcela). Num outro recipiente cozem-se os legumes (couve-galega ou couve-lombarda, cenouras e nabos), as batatas e o feijão. Depois de tudo cozido, é servido ao mesmo tempo. Há quem ainda acompanhe com arroz. É uma comida muito nutritiva e pesada.

Devido à extensa costa marítima, também temos pratos de peixe muito saborosos, alguns que se confecionam de modo bem simples, por exemplo, grelhados e acompanhados com saladas ou legumes cozidos, tais como: sardinhas, douradas, robalos, etc.

• *Caldeirada* – é um prato que geralmente se come nas cidades ou vilas situadas junto ao mar. É preparado com diferentes tipos de peixe (de água doce ou do mar). Os peixes são cortados em pedaços e temperados com sal. No fundo do tacho, deita-se o azeite e colocam-se as amêijoas. Depois, deita-se o peixe em camadas alternadas com rodelas de cebola, de batata e pedaços de tomate. Por fim, tempera-se com alho, salsa e pimenta e vai ao lume. Também se come como se fosse uma sopa, pois tem muito molho.

• *Arroz de Polvo* – o polvo é muito apreciado e, curiosamente, é o prato típico da noite de Natal no centro e no norte do país. Mas o Arroz de Polvo é comido ao longo de todo o ano em qualquer lugar. O polvo é limpo, tiram-se as peles e parte-se em pedaços pequenos. Num tacho deita-se cebola, alhos, tomate e pimentos, tudo partido em pequenos pedaços. Junta-se azeite e vai ao lume durante alguns minutos. Depois, junta-se o polvo e deita-se água, deixando ferver tudo até estar quase cozido. Mistura-se vinho branco, pimenta, sal e o arroz e deixa-se finalmente cozer tudo. Ao ser servido é polvilhado com salsa. Aconselha-se que este arroz, depois de cozido, fique com bastante líquido. Chama-se arroz malandro.

• *Bacalhau* – o bacalhau pode ser preparado (segundo os especialistas em gastronomia) de 1001 maneiras. Existe Bacalhau com Natas, Bacalhau à Lagareiro, Bacalhau Espiritual, Bacalhau à Zé do Pipo, Bacalhau à Gomes de Sá, Bacalhau à Braz, etc. Também há quem o coma simplesmente cozido com legumes e é desta forma que muitas famílias o comem na noite de Natal na região de Lisboa (e noutras cidades do centro e sul do país). Resta dizer que o bacalhau consumido em Portugal é o "seco" e, por isso, antes de ser preparado, deve estar dentro de água algum tempo (mesmo um ou dois dias, sendo a água substituída com alguma frequência).

Para além do peixe e da carne, também os mariscos são muito apreciados pelos portugueses, sendo mais consumidos na costa litoral.

Agora leia...

I - Compreensão oral

A. Ouça as perguntas sobre o texto e escreva as respostas.

34

1. ____________________
2. ____________________
3. ____________________
4. ____________________
5. ____________________

35 **B. Ouça o diálogo que se segue e complete os espaços.**

Num Restaurante

Empregado – Boa noite!

Pedro – Boa noite! Queríamos uma mesa para dois.

Empregado – Com certeza. Fumadores ou não fumadores?

Pedro – Não fumadores.

Empregado – Então, podem sentar-se naquela ali, ____________ à janela.

Pedro – Obrigado.

Empregado – Aqui está a ____________.

Pedro – Obrigado. Mary, compreendes tudo, ou queres que te ____________?

Mary – Acho que compreendo. Mas não tenho muita fome…

Pedro – Nesse caso, podes pedir qualquer coisa mais ____________.

Mary – Sim, vou começar com uma ____________ de legumes. Vocês portugueses gostam muito de sopa, não é?

Pedro – De facto, nós comemos sopa como um alimento ____________ porque nos ____________ com os legumes que tem.

Mary – E as vossas sopas são excelentes. A seguir preferia um robalo ____________ só com legumes.

Pedro – Olha, e eu vou seguir a tua ideia: vou pedir uma sopa de legumes como entrada e depois prefiro uma ____________ de porco grelhada com batatas fritas.

Mary – É típico?

Pedro – Não propriamente, mas a carne de porco é muito boa cá em Portugal e eu adoro! No Alentejo come-se muito. Bem, então vamos chamar o empregado.

II - Oralidade

1. Conhece alguma comida tradicional portuguesa? Qual? E qual é a sua opinião?

2. Fale sobre uma comida muito famosa no seu país.

Unidade 8

III - Vocabulário

A. Encontre (em cada linha) um sinónimo para a palavra da coluna da esquerda.

se bem que	exceto	embora	menos
contudo	completo	porque	no entanto
propício	apropriado	próprio	alheio
molhado	seco	humedecido	gorduroso
nutritivo	vitamínico	saudável	alimentício
região	zona	vila	aldeia

B. Complete o diálogo com a expressão mais apropriada.

estivesse presente ***terá de ficar para*** ***muito gosto, mas***

faço questão que ***imenso que fosse***

- Como está, Senhor Matos?
- Bem, obrigado, meu caro amigo. Então, por cá?
- É verdade. Vim cá para o convidar para um jantar que vamos dar no próximo sábado. Gostaria ______________________ a nossa casa. Vamos reunir um grupo de amigos que gostam da boa comida portuguesa...
- Que pena, Freitas. Teria ______________________ já combinei com a minha mulher irmos ao Teatro. Até já temos os bilhetes.
- Bem, nesse caso ______________________ uma próxima ocasião. Eu e a Isaura fazíamos muito gosto que ______________________ com a sua esposa, mas compreendo a situação.
- Olhe, Freitas, vamos combinar o seguinte: no dia 14 há uma festa na vila onde nasci. Todos os anos se realizam provas de vinho daquela região e petiscos. ______________________ nesse dia o Freitas e a sua mulher apareçam por lá.
- Boa ideia. Nesse caso, mande-me um e-mail com o endereço. Nós lá estaremos. Conte connosco.
- Bravo. Então eu envio-lhe as informações todas.

C. Encontre o adjetivo apropriado.

1. Hoje está um dia **de chuva**. ____________________
2. Um medicamento **para crianças**. ____________________
3. Ele lê sempre o jornal **da manhã**. ____________________
4. O poder **do povo**. ____________________
5. Eles praticaram um ato **de coragem**. ____________________
6. Gosto de praticar desportos **na água**. ____________________
7. Ela prefere a vida **da cidade**. ____________________

IV - Gramática

A. Complete esta carta formal com o tempo verbal mais apropriado.

Coimbra, 5 de novembro de 2011

Exmo. Senhor Lopes,

Espero que ______________ (estar) tudo bem consigo e família. Embora ainda não lhe ______________ (ter) enviado notícias sobre a reunião que eu ______________ (ter) na semana passada, relativamente às negociações para nós ______________ (abrir) o restaurante em questão, tudo ______________ (correr) bem, quer com os proprietários do estabelecimento, quer com os documentos.

Os proprietários não esperavam que nós ______________ (aceitar) as condições deles, mas ______________ (ser) razoáveis.

Antes da reunião ______________ (começar), eu já ______________ (ir) às Finanças e ______________ (falar) com o nosso advogado aqui em Coimbra.

Logo que nós ______________ (assinar) o contrato, ______________ (poder) começar com as obras para ______________ (abrir) ainda antes das férias.

Sem outro assunto de momento, ______________ (aceitar) os meus melhores cumprimentos,

Eurico Lopes.

B. Complete as frases com a preposição adequada. Faça a contração quando necessário.

1. Por favor, cala-te e não te rias ______ mim!
2. Este doce sabe ______ limão e canela.
3. O senhor siga ______ esta rua ______ chegar ______ o Largo da Paz.
4. Os alunos estão sentados ______ a secretária.
5. Ontem, eles juntaram-se ______ nós ______ irmos ______ o cinema.
6. Eu precisava ______ um computador mais rápido que este.
7. Eles não se pouparam ______ esforços ______ conseguirem a bolsa de estudo.

C. Complete com: porque / por que; enfim / em fim; demais / de mais; / porquanto / por quanto.

1. ____________, acabei o trabalho dentro do tempo previsto.
2. Por favor, calem-se. Isso já é ____________ !
3. Escolhi este restaurante ____________ a comida é boa e os empregados são simpáticos.
4. Esse dicionário parece-me muito bom. Foi caro? ____________ é que o compraste?
5. Joana, não deves trabalhar ____________ nem de menos! Só o suficiente.
6. Este é o motivo ____________ cheguei atrasada. Peço desculpa, não tenho roupa apropriada.
7. Este ano não vou viajar, ____________ não tenho mais dias de férias.
8. O Sr. Lopes vai reformar-se. Tem quase setenta anos e já está ____________ de carreira.

V - Alguns sons mais difíceis

Ouça o texto e complete.

36

Na co__inha portuguesa, os temperos são muito importantes, diferindo de re__ião para re__ião. No sul do país usam-se muito as ervas aromáticas, tais como: co__tros, rosmani__o, alecrim, basílico e outros. Por outro lado, no norte, os co__inheiros gostam mais de usar a __ebola, o a__o, o louro e a salsa.

Desde a época dos Descobrimentos Portugueses, no século XVI, as especiarias entraram na alimentação dos portugueses e por cá ficaram. Temos o caso da no__ moscada, da pimenta, da canela, do a__afrão e do cravo-da-índia. Todas estas especiarias são muito apreciadas na nossa alimentação. Algumas delas até entram nas receitas de do__aria tradicional.

I - Compreensão oral

Ouça o texto e responda às perguntas, escolhendo a resposta mais adequada.

38

1. a) 1996
   b) 1986
   c) 1998

2. a) descobrimentos
   b) conquistas
   c) lazer

3. a) escultor
   b) pintor
   c) poeta

4. a) Não é fácil.
   b) É muito fácil.
   c) É incompreensível.

II - Vocabulário

Assinale a resposta correta.

1. Já é tarde e estou cheia de fome. Tenho ______________________ .
   a) dor de cotovelo
   b) a barriga a dar horas
   c) de fugir a sete pés

2. Ontem eles foram ao banco para ______________________ um empréstimo para comprarem uma casa.
   a) autorizarem
   b) pedirem
   c) concederem

3. Embora não tenha muito dinheiro, ontem vi um casaco lindíssimo e ______________________ : comprei-o!
   a) perdi a carteira
   b) perdi a cabeça
   c) encontrei a carteira.

4. Caso vás ao ______________________ , tens de comprar os bilhetes com antecedência.
   a) concerto
   b) conserto
   c) arranjo

5. Caso hoje já não tenhamos mais tempo, é melhor a discussão ______________ amanhã de manhã.

a) ficar por

b) ficar de

c) ficar para

III - Gramática

Assinale a resposta correta.

1. Não acho que esse exercício ______________ muito complicado.

a) esteja

b) está

c) seja

2. Ele disse que ia a um café onde ______________ comer bons pastéis de nata.

a) pudesse

b) possa

c) pode

3. O Peter insistiu ______________ o colega para irem passar o fim de semana ao Algarve.

a) com

b) em

c) por

4. Aqueles que ______________ isso, estarão a mentir.

a) dissessem

b) disserem

c) dizerem

5. Calem-se com essa conversa. Isso já é ______________ !

a) de mais

b) muito

c) demais

Ouça o texto.

ALGUNS PRODUTOS TRADICIONAIS PORTUGUESES

O senhor Fox costuma vir a Portugal frequentemente. Gosta do clima, da hospitalidade, da comida e dos hábitos do dia a dia que os portugueses têm. Ele já fez amigos com os quais se vem encontrar. Combinou com o José um encontro para hoje à noite.

– Olá, meu amigo! Como vai?

– Olá, José! Já tinha saudades de voltar. Tenho tido imenso trabalho e se assim não fosse já teria vindo antes.

– Deixe lá, mais vale tarde do que nunca!

– Vocês e os provérbios! Então onde é que vamos desta vez?

– Escolhi uma tasquinha onde podemos comer uns petiscos. Que tal?

– Sabe que eu adoro essas coisas.

– Então, vamos lá.

Os dois amigos dirigiram-se para um pequeno restaurante de bairro, onde o José costuma ir. É como se fosse família, na opinião do Fox.

– Boa noite. Hoje trago um velho amigo inglês.

– Velho…? Mas eu ainda nem tenho 50...

– É uma maneira de dizer. Ó Quaresma, queria que nos trouxesse aí uns petiscos para degustarmos.

– Para quê?

– "Degustar" significa provar, saborear um pouco de cada coisa. Não é para jantarmos, propriamente.

– Ah, bom! Teria compreendido se fosse uma palavra mais comum, mas o José é que é o português!

Enquanto esperavam…

– Diga-me lá José, o que é feito do nosso amigo holandês Arian? Tenho-lhe enviado *e-mails*, mas não me tem respondido. Ter-lhe-ia acontecido alguma coisa?

– Pois eu também não tenho tido notícias dele desde há muito tempo. Mas olhe, aqui vêm umas entradinhas.

– Ah, isto já conheço: é presunto pata-negra, não é?

– É pois. Gosta?

– É muito bom. Já tinha provado numa das outras vezes. Mas diga-me lá: este queijo aqui é esplêndido. De onde é?

– Ah! Esse é o nosso famoso queijo da Serra!

– Da Serra?

– Sim. É da região da Serra da Estrela e ainda se produz de modo artesanal, com leite de ovelha, principalmente entre os meses de novembro e março.

– Humm… É delicioso.

– De facto é. Tanto quanto eu sei tem um processo de maturação muito específico de trinta dias, no mínimo.

– Hummm… E é cremoso!

– Este é o amanteigado, tem a ver com o tal tempo de maturação. Mas também há o queijo da Serra curado, é mais seco.

– Humm… E acompanhado com este vinho... Fantástico! O que é aquilo ali amarelo? Come se chama?

– Aquilo são tremoços. Normalmente, quando vamos a uma cervejaria e pedimos uma imperial ou cerveja, eles trazem logo um pratinho para acompanhar. Aqui, nesta tasquinha, eles puseram na mesa para irmos comendo, tal como as azeitonas. O tremoço é uma semente (do tremoceiro) que é cozida e depois é deixada em água até perder um sabor amargo que tem no início. Mas depois é agradável, não acha?

– Ó, sim! Sem dúvida.

– Depois de sairmos daqui tenho um sítio onde o quero levar para provar uma bebida.

– Uma bebida?

– Sim, hoje o Fox vai provar a ginginha!

– O que é isso?

– Depois verá. Aliás, beberá!

– Estou curioso.

Agora leia...

I - Compreensão oral

2

A. Ouça as frases sobre o texto e responda marcando verdadeiro ou falso.

	V	F
1.		
2.		
3.		
4.		
5.		

B. Ouça o texto que se segue e complete os espaços.

Num Restaurante

O José decidiu levar o amigo Fox para ______________ a ginginha num pequeno bar, muito simples, no centro da cidade.

– Por favor, queríamos dois copos de ginginha.

– Com ou sem elas?

– Com.

– O que é que você pediu "com", José?

– Já vai provar. Aqui está, experimente. É uma bebida muito tradicional cá em Portugal.

– Nunca tinha bebido. Pode explicar-me a ______________?

– Olhe, tem aqui um ______________ onde explica.

"O licor chamado "Ginginha" é uma bebida que surgiu numa região muito ______________ em fruta, a região do centro Oeste. Aqui há uma vila, muito típica, que é ______________ da UNESCO, e onde, segundo a tradição, apareceu esta bebida. Há quem diga que foi no "Ibn Errick Rex" que se bebeu, pela primeira vez, este licor.

No início, este bar era uma antiga casa de ______________ de um jovem de Santarém. Ele estava ______________ por uma rapariga (de Óbidos) que tinha o mesmo tipo de negócio: um antiquário. Assim, para chamar a atenção dela, ele começou a oferecer a cada cliente um ______________ de licor de ginja. E as pessoas começaram a ir àquele antiquário mais para beber a ginginha do que para comprar alguma antiguidade. Com isto, ele conseguiu atrair a atenção da jovem rapariga e, mais tarde, a história teve um final feliz.

Este bar foi ______________ em 1957 e, posteriormente, foi vendido ao atual dono que tem preservado e promovido este espaço, agora unicamente como bar."

– Esta história é interessante. Mas, afinal, também se pode beber sem ser nessa tal vila de Óbidos…

– Claro que sim. Este licor é tão famoso que também se pode beber por aqui, apesar de a tradição vir de Óbidos.

– Vamos pedir mais outro?

II - Oralidade

1. Fale sobre algum ou alguns produtos tradicionais do seu país ou região.

2. Há alguma bebida típica? Como se chama e em que situações é bebida?

III - Vocabulário

A. Qual é a palavra apropriada?

1. comprimento / cumprimento

a) Quando encontrei o Fox ele fez-me um enorme ______________ muito formal.

b) Desculpe, mas qual é o ______________ desta mesa de jantar?

2. elegível / ilegível

a) Nunca compreendo a letra dos médicos, quase sempre é ______________

b) O cargo de Primeiro-Ministro é ______________ por um período de quatro anos.

3. descrição / discrição

a) Ontem tu fizeste uma ______________ do filme de uma maneira muito real.

b) É necessário uma certa ______________ para falarmos de certos temas com eles. São pessoas muito sensíveis.

4. crer / querer

a) É bom ______________ nos amigos e família e poder contar com eles.

b) Não desistas dos teus sonhos. ______________ é poder!

5. emigrante / imigrante

a) O Smith é ______________ em Portugal há vários anos.

b) O meu tio é ______________ nos Estados Unidos desde os anos sessenta

4

B. Ouça as seguintes palavras e escreva o sinónimo.

1. ____________________________
2. ____________________________
3. ____________________________
4. ____________________________
5. ____________________________
6. ____________________________
7. ____________________________

C. Qual é o verbo da mesma família de...?

1. a escassez ______________________
2. o sabor ______________________
3 o diálogo ______________________
4. a atração ______________________
5. a opinião ______________________
6. a herança ______________________
7. a dor ______________________

IV - Gramática

A. Transforme a frase dada numa frase interrogativa, usando o Condicional Pretérito.

1. Não sei quem é que chegou primeiro.

   Quem é que ____________________________ primeiro?

2. Não sei quem é que me disse isso.

   ____?

3. Não sei quem é que comprou aquele apartamento.

   ____?

4. Não sei aonde é que o João foi.

   ____?

5. Não sabemos se houve aulas esta manhã.

   ____?

B. Complete o texto com o Condicional Pretérito.

Segundo uma testemunha ocular, que ____________ (observar) o acidente, o motorista ____________ (despistar-se) ao fazer a curva porque a estrada estava cheia de óleo. Parece que a mesma testemunha ____________ (informar) a polícia de imediato, a qual ____________ (chegar) passados alguns momentos.

Segundo a polícia, alguns ocupantes do autocarro ____________ (ficar) com ferimentos ligeiros. Contudo, alguns deles já ____________ (ir) para casa quando chegámos ao local do acidente.

C. Complete as frases da coluna A com as da coluna B, usando algumas locuções temporais: antes que..., depois que..., logo que..., assim que..., até que..., sempre que..., à medida que...

A	B
1. Vou-me embora,	a) entreguem-no ao professor.
2. Telefona-me,	b) **antes que** comece a chover.
3. **Depois que** experimentaram a ginginha,	c) **sempre que** bebo vinho verde.
4. **Assim que** terminarem o teste,	d) nunca mais quiseram outro lico
5. Não compres esse apartamento,	e) prefiro ficar em casa à noite.
6. **À medida que** o tempo passa,	f) **até que** o banco te conceda o empréstimo
7. Fico com dores de cabeça,	g) **logo que** chegues a casa.

V - Alguns sons mais difíceis

Ouça o texto e complete.

5

O bolo-rei é um bolo tradi___ional português e é comido pela époc do Natal. Tem uma forma redonda com um grande buraco no ___entr A ma___a deste bolo é muito simples: é feita com farinha, ferment a___úcar e ovos. Fica uma ma___a branca e ma___ia. Também se misturam frutos se___os e outros cristali___ados. Antes de ir ao forno, cobre-s com mais frutos cristali___ados. E___iste uma tradição, desde há muit tempo: dentro da ma___a há uma fava e a quem ca___ar a fatia com essa fav tem de comprar o pró___imo bolo. Também diz a tradição que este bolo s deve comer até ao dia 6 de janeiro, dia de Reis (dos três Reis Magos).

Ouça o texto.

6

A ARTE DO AZULEJO

O azulejo é uma das expressões mais importantes na cultura portuguesa. Ao longo dos anos, o azulejo passou de uma mera função utilitária para a divulgação internacional. Atualmente, quem viajar por Portugal poderá ver "azulejo" quase por toda a parte, quer em estações de comboio e metro, quer em mercados, jardins, igrejas, no revestimento exterior de muitos edifícios e até em hospitais. Também ganhou prestígio a nível internacional.

Hoje, numa aula de Cultura Portuguesa para alunos estrangeiros que se dedicam ao estudo da Língua e Cultura Portuguesa, o professor Meireles deu uma palestra sobre este tema.

– Bom dia. Hoje estamos aqui para falar da origem do azulejo: uma das artes da qual tanto nos orgulhamos. Alguém sabe a origem desta palavra?

– Pelo nome, parece que vem de "azul..."

– Sim, há quem relacione com "azul", na medida em que uma grande parte da produção portuguesa de azulejo tem esta cor, mas... tenho a dizer-vos que a verdadeira origem do termo "azulejo" é árabe. Vem de *azzelij* (ou *al zuleycha, al zuléija, al zulaiju, al zulaco*). Ora bem, qualquer uma destas palavras significa uma pequena pedra polida que era usada para designar o mosaico bizantino do Próximo Oriente.

– Mas, então, quer dizer que não surgiu em Portugal?

– Pois, aí está uma boa observação. A utilização do azulejo já se podia ver na antiguidade, quer no período do Antigo Egito, quer na região da Mesopotâmia. Depois, começou a espalhar-se pelo norte de África e Europa, mais concretamente na zona do Mediterrâneo. No século XIV começou a entrar na Península Ibérica através dos mouros.

– É por isso que também há azulejos na Espanha, não é verdade, professor?

– Sim, é verdade. Mas também podemos encontrá-los noutros países como, por exemplo: Itália, Holanda, Turquia, Irão ou Marrocos. Contudo, foi em Portugal que assumiu uma especial importância dentro do contexto universal da criação artística.

– Mas, professor, não estou a compreender bem onde quer chegar...

– Quero com isto dizer que essa importância que ganhou em Portugal vem da longevidade do seu uso; vem do modo de aplicação arquitetónico, com o revestimento, quer no interior quer no exterior de edifícios; por outro lado, ganhou importância como arte decorativa, mas também pela criatividade que foi sendo adquirida na sua produção. Mas, voltemos um pouco atrás: se no século XV Portugal já tivesse as suas próprias olarias, não teria necessitado de importar das olarias espanholas de Sevilha e de Málaga. Mais tarde, e em consequência da expansão portuguesa, depois da época dos Descobrimentos, Portugal tornou-se num país economicamente próspero. Por esse motivo, deu-se início a um período de construção de igrejas e palácios. Como os azulejos provenientes da Espanha já não eram suficientes, começaram a ser produzidos cá em Portugal. Inicialmente, essa produção era igual à dos modelos já existentes, mas, mais tarde, começou a utilizar-se uma técnica italiana, a "majólica". Consistia em pintar sobre a superfície lisa do azulejo. Daí para a frente, o azulejo ganhou cada vez mais importância e admiração e, por isso, começou a ser usado como elemento decorativo.

– Professor, desculpe interromper, mas o azulejo só existe na cor azul?

– Não, não. Vejamos... O azulejo começou por ser pintado com várias cores, era o azulejo policromado que, por vezes, dava um efeito de tapete geométrico: era o chamado "azulejo de tapete". A partir do século XVII verificaram-se alterações na estética do azulejo. Os navegadores portugueses, que tinham viajado através do Oriente, trouxeram para a Europa a faiança chinesa azul e branca. Estas cores foram sendo muito apreciadas tanto nos países do norte da Europa como nos do sul. Foi nessa altura que a policromia dos azulejos foi substituída pelo monocromatismo. Apareceram os padrões de "tapete" a azul e branco.

Mas este é um tema muito aliciante e eu gostaria de combinar convosco uma visita pela cidade para podermos apreciar alguns destes exemplares. Iremos a museus, palácios e quintas. O que é que vos parece? Quem estiver interessado poderá inscrever-se no departamento durante a próxima semana. Obrigado pela vossa atenção.

Agora leia...

I - Compreensão oral

A. Ouça as perguntas sobre o texto e responda por escrito.

7 1. ______________________________

2. ______________________________

3. ______________________________

4. ______________________________

5. ______________________________

8

B. Ouça o texto que se segue e complete os espaços.

Uma Visita ao Museu Nacional do Azulejo

O Museu Nacional do Azulejo situa-se em Lisboa, na ______________ oriental, mais ______________ na Rua da Madre de Deus, paredes-meias com a igreja que tem o mesmo nome. Foi ______________ em 1980 e dentro de um convento: o Convento da Madre de Deus, do século XVI.

Atualmente, é um dos mais importantes museus de ______________ em todo o mundo. Nele estão reunidos os mais significativos exemplares da azulejaria nacional, desde o século ______________ até hoje.

Neste museu temos a oportunidade não só de apreciar azulejos ______________, mas também alguns dos melhores ______________. Por exemplo, no ______________, podemos ver um painel de azulejos que representa uma panorâmica da cidade de Lisboa antes do ______________ de 1755.

Também, numa das muitas salas, pode-se ver um painel com ______________ monumentais que representa o Retábulo de Nossa Senhora da Vida, do século XVI.

II - Oralidade

1. Fale de um dos museus mais interessantes da sua cidade ou que já visitou.

2. Que tipo de museu prefere? Porquê?

Unidade 10

III - Vocabulário

A. Complete o quadro com o verbo, substantivo e adjetivo com a mesma raiz etimológica.

Verbo	Substantivo	Adjetivo
exprimir		
		útil
	a origem	
	a cor	
assumir		
		decorado
		próspero

B. Complete o diálogo com a palavra ou expressão mais apropriada.

De nada	***Não acha***	***acompanhar***	***Sem dúvida***
folheto	***Claro***	***torna-se***	***Tem razão***

● Boa tarde. É possível visitar o Museu?

■ Com certeza. Tem cartão de estudante?

● Não, infelizmente não tenho.

■ Nesse caso terá de pagar a entrada.

● ______________. Quanto é?

■ São cinco euros.

● É caríssimo. ______________?

■ ______________, mas temos também de pensar na preservação e manutenção do museu.

● ______________, mas se pensarmos que há famílias que querem visitar um museu, ______________ dispendioso pagar para três ou quatro.

- Bem, mas como tenho muita vontade de ver este museu... aqui está o dinheiro. Há um guia para ________________?
- Não, infelizmente não temos, mas oferecemos este ________________ com algumas informações sobre o que há de mais relevante em cada sala.
- Muito obrigada.
- ________________.

C. Expressões idiomáticas com cores. Escolha a palavra apropriada.

1. Quando lhe disseram o preço daquela obra de arte, ele **ficou** ________________ **como a cal**.

   azul ***verde*** ***branco***

2. Ontem encontrei o João com a nova namorada, que é muito tímida. Ela, quando nos viu, **ficou** ________________ **como um tomate**.

   verde ***vermelha*** ***rosa***

3. Esta manhã tive muita sorte. Ia sendo atropelado por um camião que vinha descontrolado. **Escapei por uma unha** ________________.

   negra ***preta*** ***azul***

4. Esta semana recebi um aumento de salário de cem por cento. Foi mesmo **ouro sobre** ________________.

   azul ***verde*** ***amarelo***

5. Eu sou uma pessoa muito honesta e frontal. Gosto tudo muito ________________ **no branco**!

   rosa ***preto*** ***negro***

6. Não suporto o inverno e o frio, facilmente **fico com os lábios** ________________. Até parece que estou a morrer.

   pretos ***roxos*** ***azuis***

IV - Gramática

A. Conjugue os verbos dados no Condicional Pretérito ou no Pretérito Mais-que-Perfeito Composto do Conjuntivo.

1. Que pena! Se tu ____________ (***ir***) à festa de ontem, ____________ (***encontrar***) os nossos colegas da Universidade.
2. Vocês ____________ (***chegar***) mais cedo ao cinema, se ____________ (***apanhar***) um táxi.
3. Se ela ____________ (***vir***) ontem, nós ainda ____________ (***ir***) ao Museu do Azulejo.
4. Eu não ____________ (***adormecer***) na aula, se ____________ (***beber***) mais um café no intervalo.
5. Embora os árabes ____________ (***deixar***) uma herança artística de grande dimensão, já ninguém se lembra disso.
6. Ainda que vocês não ____________ (***estudar***) muito, fizeram um bom trabalho sobre o tema.

B. Complete com uma das frases exclamativas, de acordo com a sugestão inicial.

1. Constipei-me e não fui à festa.
   Quem me dera que não me ______________________!
2. O João estudou pouco e o exame correu-lhe mal.
   Oxalá ele ______________________ mais!
3. Recusámos uma visita a uma olaria e agora não sabemos como o azulejo é feito.
   Tomara que não ______________________!
4. Faltei à aula do professor Meireles e agora não sei do que falaram.
   Oxalá não ______________________!
5. Não visitámos o interior da Igreja da Madre de Deus e toda a gente diz que é belíssima.
   Tomara que ______________________!
6. Não vieste connosco e a visita foi fantástica.
   Tomara que ______________________! Terias aprendido muito!

C. Complete as frases com a preposição adequada. Faça a contração quando necessário.

1. O que é que vocês entendem ________ "azulejo"?
2. Peço desculpa ________o atraso, mas houve uma avaria no metro.
3. Na próxima aula iremos assistir ________a exibição de um filme que mostra o fabrico do azulejo.
4. Bem, vamos aguardar ________a chegada de mais interessados.
5. Se eles tivessem comparecido ________os outros alunos, teríamos organizado uma visita de estudo.
6. Lamentámos que vocês não tivessem obedecido ________as normas estabelecidas.
7. Todos os alunos simpatizaram ________o professor Meireles.

V - Alguns sons mais difíceis

9

Ouça o texto e complete.

Por todo o país e__istem olarias: lugares onde se fabricam peças de cerâmica. No Alente__o, por exemplo, existem várias, nas quais, quer azulejos, quer peças de decoração, ainda são feitos de modo tradicional e arte__anal.

Os artesãos alentejanos acham que, com o deco__er do tempo, esta arte se vai perder, na medida em que os mais novos já não se intere__am por este fabrico que é, de certo modo, duro: desde o apanhar a ar__ila (nos rios) a todo o processo de secagem e transformação.

Em Lisboa ainda existe uma fábrica que produz faian__as e azulejos de modo artesanal. Lá, todas as peças são produzidas através de processos inteiramente artesanais, desde a preparação do barro até à vidração e à pintura manual. Os processos que se usam nesta fábrica são os mesmos desde 1741 (data da fundação da fábrica).

Há quem diga que esta é já a última fábrica de faiança e azulejo a produzir no mundo através deste proce__o artesanal.

Ouça o texto.

10

O SERVIÇO DE SAÚDE

O Ramirez é espanhol, mas está a trabalhar em Portugal há cerca de cinco meses. Ele trabalha para uma multinacional e é consultor informático. É um excelente profissional, ainda que seja muito distraído.

Ontem, ao fim da tarde, quando saiu da empresa, tropeçou em qualquer coisa na rua e… caiu. Torceu um pé e ficou cheio de dores. Desde que cá trabalha nunca tinha tido nenhum problema de saúde e, por isso, ficou um pouco atrapalhado sem saber aonde se devia dirigir para ser observado. Eis que se lembrou do amigo, colega e vizinho Raul. Ligou-lhe para o telemóvel para que o ajudasse.

– Está, Raul?

– Sim, sou eu. O que se passa Ramirez. Pareces-me aflito. Tudo bem?

– Podia estar melhor.

– Então, conta lá o que se passa.

– Olha, acabei de sair da empresa e, não sei como, tropecei em qualquer coisa e meti o pé num buraco. Agora estou cheio de dores e tenho o tornozelo inchado. Não consigo andar…

– Dói-te muito?

– Sim, claro. Tenho muitas dores e preciso da tua ajuda. Eu não sei onde ir, não conheço o sistema de saúde aqui em Portugal.

– Ramirez, diz-me só onde estás, porque eu vou já ter contigo. Acalma-te e não te mexas.

– Estou mesmo na esquina da Avenida de Berna com a Avenida da República, junto ao Campo Pequeno.

– Eu estou no carro e não estou muito longe daí. Espera só um bocadinho que não vou demorar.

Entretanto, o Raul chegou e o Ramirez estava branco como a cal, cheio de dores e com dificuldade em andar.

– Ó Ramirez, isso não está com muito bom aspeto, temos de ir às urgências. Estás inscrito em algum Centro de Saúde?

– Centro de Saúde? Eu cá não…

– Bem, então vamos ao Centro de Saúde da área da tua residência.

– E tu sabes qual é?

– Por acaso sei ou já te esqueceste de que somos vizinhos?

– Ah, tens razão. Então leva-me lá.

Ao chegarem ao Centro de Saúde, dirigiram-se ao balcão, tiraram uma senha e esperaram pela vez de serem atendidos pela funcionária. Passados alguns instantes, ela chamou pelo número da senha deles.

– Boa tarde.

– Boa tarde. O que pretendem?

– O meu amigo Ramirez torceu um pé e precisa de ser visto agora por um médico. Ele está cheio de dores e o tornozelo está muito inchado, mal consegue andar.

– Tem médico de família?

– Não, ele não tem. É a primeira vez que vem cá.

– Mas reside nesta freguesia?

– Sim, sim. Nós até somos vizinhos…

– Nesse caso necessita de preencher um formulário. O Sr. Ramirez tem os seus documentos?

– Documentos?

– Sim, precisamos do seu passaporte e do Cartão Europeu de Saúde. Como nunca se inscreveu aqui, no Centro de Saúde, ainda não tem o Cartão de Utente do sistema social.

– Aqui está o que pediu. Como só estou a trabalhar aqui em Portugal há cinco meses ainda não tenho o número da Segurança Social.

A funcionária inseriu os dados no sistema informático e, por fim, disse:

– Pronto. Já está marcada a consulta para o Dr. Jorge, que é quem está de serviço neste momento. Será chamado dentro de meia hora. Pode esperar aí nessa sala pela sua vez.

– Muito obrigado. Nós esperamos.

Agora leia...

I - Compreensão oral

11

A. Ouça as frases sobre o texto e responda marcando verdadeiro ou falso.

	V	F		V	F
1.			4.		
2.			5.		
3.					

B. Ouça o texto que se segue e complete os espaços.

12

Uma Consulta Médica

Meia hora mais tarde, o médico chamou o Ramirez.

– Boa tarde, Doutor.

– Boa tarde. Sente-se. Então, o que é que lhe aconteceu? Vem a ________________…

– Pois, é que ________________ o pé há quase duas horas.

– Vê-se bem. Está ________________.

– Mal posso pôr o pé no chão.

O médico observou e ________________ algumas manobras na articulação.

– Olhe, Sr. Ramirez, o senhor fez uma ________________ e, aparentemente, não há qualquer fratura. Vou receitar-lhe um anti-inflamatório para tomar duas vezes por dia, às ________________, e um analgésico para tomar em caso de SOS.

– Em SOS?

– Sim, só quando for mesmo necessário. Quando não puder ________________ as dores. E agora vai ali à Sala de Tratamentos para que lhe coloquem uma ligadura elástica. Nestes primeiros dias, deve andar o menos possível. Uma "canadiana" podia ajudá-lo bastante.

– O Doutor acha que não devo ir trabalhar nesta situação?

– Acho que não. Tem de fazer ________________. Vou passar-lhe uma declaração para o trabalho de três dias. Se virmos que não chega, nesse caso, passar-lhe-ei uma ________________ médica para alguns dias.

– E vou melhorar?

– Vai, com certeza! Mas é muito importante que não ________________ a andar, subir e descer escadas.

– Obrigado, Doutor.

– De nada. Tem aqui a sua receita e a declaração para entregar na empresa. Não precisa de mais nada.

II - Oralidade

1. Fale do sistema de saúde no seu país.

2. Quando alguém está impedido de trabalhar por doença, pode ter uma baixa médica?

III - Vocabulário

A. Complete o diálogo com a palavra mais apropriada.

atrasada	***consulta***	**guardar**	**queira**
marcar	***completas***	***Utente***	***taxa***

■ Bom dia, queria ____________ uma consulta para a Dra. Noélia.

● Para quando?

■ A que dias é que ela dá ____________?

● Todas as terças e quintas à tarde.

■ Então, queria que marcasse para a próxima terça.

● Para terça já não vai ser possível: as marcações já estão ____________.

■ E para quinta?

● Deixe-me ver… Sim, para quinta pode ser. É o número 4.

■ A que horas começa a consulta?

● A consulta começa às 15:30, mas a doutora, normalmente, chega um pouco ____________ porque vem diretamente do hospital para aqui.

■ Está bem.

● Tem aí o seu Cartão de ____________?

■ Tenho, sim. Aqui está.

● Muito bem. Pode ____________. Já tirei os elementos de que precisava.

■ Quanto é? Tenho de pagar já ou só no dia da consulta?

● Como ____________, mas a ____________ moderadora é de três euros.

■ Então, nesse caso, pago já.

B. Procure na coluna B o significado das expressões da coluna A.

A	B
1. andar ao deus-dará	a) estar na chefia de
2. estar à cabeça de	b) ser capaz de fazer tudo o que for necessário
3. ser pau para toda a obra	c) andar com intenção de fazer algo
4. ser de trás da orelha	d) ser muito bom, excelente
5. andar com ela fisgada	e) andar sem destino, sem rumo

C. Expressões idiomáticas com cores. Escolha a palavra apropriada.

1. Não se pode contar à Guiomar nenhum segredo. Ela **dá** logo **com a** ______________ **nos dentes**.

   mão ***língua*** ***boca***

2. O Artur é um excelente colega, mas é muito teimoso. Nunca **dá o** ______________ **a torcer.**

   pé ***cotovelo*** ***braço***

3. Já são horas de almoço? Estou cheia de fome, até **tenho a** ______________ **a dar horas**.

   barriga ***boca*** ***cabeça***

4. Quando falamos de algum assunto que não lhe interessa, **faz** sempre ______________ **de mercador**.

   ouvidos ***cabeça*** ***pés***

5. Isso que me estás a contar não faz sentido nenhum: **não tem pés, nem** ______________.

   peito ***tronco*** ***cabeça***

6. Quando me contaram o que se tinha passado, não acreditei. Confesso que **fiquei de** ______________ **atrás**. Acho que eles nunca iriam fazer isso.

   mão ***pé*** ***cabeça***

7. A Margarida é muito curiosa. Gosta de saber tudo sobre todos e, por vezes é inconveniente: ela **mete o** ______________ **onde não é chamada**.

   peito ***nariz*** ***tornozelo***

8. Sempre que se pergunta alguma coisa ao Joseph ele sabe. **Sabe** tudo **na ponta da** ______________ .

   mão ***língua*** ***cabeça***

IV - Gramática

A. Passe para o Discurso Indireto e comece como indicado.

1. Embora o Ramirez já viva em Portugal há cinco meses, ele nunca precisou de ir ao médico.

O Raul disse que ____

____.

2. Em Portugal as pessoas pagam mensalmente uma percentagem para a Segurança Social e podem usufruir dos serviços médicos do Sistema Nacional de Saúde. Para isso, basta que tenham um médico de família no Centro de Saúde da área de residência.

O amigo informou o Ramirez que em Portugal as pessoas ______________

____

____

____

____.

3. Compete ao médico de família encaminhar o doente para um dos hospitais centrais, sempre que o caso clínico o justifique ou seja necessário o doente ser observado por um especialista que não haja no Centro de Saúde.

Ele ainda o informou que ______________________________________

____

____.

4. As pessoas que estão reformadas com um rendimento inferior ao salário mínimo, ou que tenham uma doença crónica, têm alguns benefícios na área da saúde, como por exemplo: isenção de pagamento da taxa moderadora e dos medicamentos para as doenças crónicas.

O Ramirez ficou surpreendido quando o Raul lhe disse que ____________

____

____.

5. Em Portugal, ao contrário de outros países, não é obrigatório ter um seguro de saúde privado, pois as pessoas poderão tê-lo a nível privado. Neste caso, é complementar do serviço proporcionado pelo Sistema Nacional de Saúde.

O Raul ainda acrescentou que em Portugal ____________________

____

____

____________________.

B. Transforme as frases de acordo com o indicado.

1. Apesar do serviço público ser bom, muitas pessoas ainda preferem as clínicas privadas.

Ainda que ____________________

____________________.

2. Até seres visto pelo médico, tens de esperar e não fazer esforço.

Até que ____________________

____________________.

3. Não opto por um seguro de saúde privado, embora seja muito tentador.

____________________ ***mesmo que*** ____________________.

4. Ontem não me telefonaste e, por isso, não te trouxe os livros.

Se me ____________________, ter-te-ia trazido os livros.

5. Foi preciso telefonar para a secretaria do hospital, para o assunto ficar resolvido dentro do tempo adequado.

____________________, ***para que*** ____________________.

C. Complete as frases da coluna A com as da coluna B, usando algumas locuções causais: por isso que..., visto que..., pois que..., já que..., por isso mesmo que...

A

1. Este ano não fazemos férias,
2. **Já que** estás aqui,
3. Ficou triste com o resultado do exame,
4. O trabalho com aquela equipa era desmotivante,
5. Detesto gente hipócrita,

B

a) **por isso** acabei por sair e ir para outra.

b) aproveito para te fazer algumas perguntas.

c) **por isso mesmo** só tenho alguns amigos nos quais confio.

d) **pois que** tinha estudado durante todo o período de férias.

e) **visto que** o João tem de estar de banco no hospital todo o verão.

V - Alguns sons mais difíceis

Ouça o texto e complete.

13

O Serviço Nacional de Saúde em Portugal depende do Ministério da Saúde e tem como finalidade a___egurar a todos os cidadãos o direito à prote___ão da saúde.

A utili___ação deste serviço público é gratuita. Contudo, há uma norma que su___eita os utentes ao pagamento de ta___as moderadoras. Há pessoas que estão i___entas deste pagamento, desde que aufiram de um baixo rendimento ou tenham um grau de incapacidade igual ou superior a 60%, e que estão abran___idas por uma le___islação própria.

Em Portugal, o Serviço Nacional de Saúde está organizado em dois tipos de estruturas. Um, a___enta nos chamados Centros de Saúde, nos quais os utentes deverão ter um médico de família a quem recorrer. Também nestes locais são feitas consultas de planeamento familiar, vi___ilância materna e vacina___ão. Outro tipo de estrutura a___enta nos hospitais, local onde se encontram todas as especialidades médicas ou cirúr___icas. O ace___o a estes serviços é feito não só através dos médicos assistentes, mas também pelo próprio serviço de urgência.

Ouça o texto.

14

ARRENDAR UM APARTAMENTO

Em Portugal, há uma grande oferta de casas / apartamentos para vender ou arrendar. Os preços variam bastante conforme se trate de um arrendamento na cidade ou nos arredores. Caso se opte por um arrendamento dentro da cidade, também nos deparamos com zonas "nobres", quer seja pela localização histórica, quer pela zona socioeconómica mais privilegiada.

A família Smith mudou-se para Lisboa há dois meses. O Sr. John Smith veio trabalhar para uma empresa a fim de implementar um novo projeto na área da Engenharia Ambiental. Eles têm estado a viver num hotel, mas chegou o momento de terem de arrendar um apartamento. Como não têm filhos, não precisam de uma casa muito grande, mas gostavam que estivesse bem situada: com uma boa vista, bons acessos de transporte e não muito longe da empresa e do centro da cidade.

Procuraram em anúncios nos jornais e na *internet* e têm ido visitar alguns apartamentos com as características que ambicionam. Parece que esta manhã encontraram o "sonho" deles.

– Boa tarde! O meu nome é Smith, John Smith.

– Ah, sim. Muito prazer. Foi com o senhor que falei esta manhã por telefone, não foi?

– Precisamente.

– Viu o nosso anúncio...

– Na *internet*...

– Ah, sim, é verdade. Já me tinha dito. Pois vou buscar a chave e vamos lá vê-lo.

Alguns minutos depois...

– Por aqui, Sr. Smith.

– Este prédio tem quanto tempo de construção?

– A construção acabou no fim do ano passado.

– E já tem muitos apartamentos arrendados?

– Sim, temos. Melhor dizendo, quase 30% dos apartamentos são habitados pelo próprio proprietário.

– Mas os preços para comprar são altíssimos aqui em Portugal, não são?

– Sim, de facto são elevados. Mas temos de olhar à qualidade dos materiais utilizados, à localização... Como eu estava a dizer, há uma parte habitada pelos proprietários e a outra parte está praticamente toda arrendada. Só temos um T4 e este T3, que lhe vou mostrar, disponíveis...

– Nunca entendi, quando vocês dizem T1, T2, T3...

– T1 significa que só tem um quarto, T2 que tem dois quartos...

– Ah, então é isso!

– Ora, aqui estamos no T3 que ainda está livre. Por favor, entre... Veja esta grande sala com janelas e varandas que dão para o pátio que tem um jardim...

– Hummm.... Bela vista. E vê-se o Tejo!

– De facto, esta vista é um privilégio. Por aqui, siga-me por favor; temos um pequeno *hall* de onde se vai para os quartos.

– Todos com janela, não é?

– Sim, sim. Estes, deste lado, também dão para o pátio, aquele ali dá para a rua principal.

– Mas é barulhenta?

– Não, nem por isso. Neste lado há duas casas de banho... e, por fim, temos a cozinha já toda equipada com eletrodomésticos.

– Tenho a certeza de que a minha mulher vai ficar encantada com esta cozinha, com o jardim... E temos acesso à garagem?

– Sim, este apartamento tem direito a dois lugares de garagem que depois lhe mostrarei quando descermos. Espero que tenha gostado da casa e da vista...

– Sim, parece-me um bom apartamento e com as características que temos procurado. Mas amanhã, se não se importa, vou trazer a minha mulher para ela dar a opinião dela.

– Claro. Fique à vontade.

– E o preço? É aquele que estava no anúncio?

– Sim, é. Gostava de poder baixar um pouco, mas não é possível.

– Caso a minha mulher mostre interesse, o que é necessário fazer para formularmos o contrato?

– Falaremos disso amanhã. De acordo?

– De acordo. Boa tarde e até amanhã.

– Até amanhã, Sr. Smith e tive muito gosto em conhecê-lo.

– Igualmente.

Agora leia...

1 - Compreensão oral

A. Ouça as perguntas sobre o texto e responda corretamente.

15

1. ______________________________
2. ______________________________
3. ______________________________
4. ______________________________
5. ______________________________

B. Ouça o texto que se segue e complete os espaços.

16

O Arrendamento

– Bom dia, Sr. Smith. Como está?

– Bem obrigado. Apresento-lhe a minha mulher, a Margareth.

– Muito prazer.

– Muito prazer.

– Vamos subir para vermos o apartamento?

Após visitarem o apartamento, a Sra. Margareth mostrou-se muito interessada porque ficou, desde logo, ______________ com a vista para o jardim e o Tejo. Também adorou a disposição das divisões.

– Bem, Sr. Salema, parece que o vamos arrendar

– Tenho a certeza de que vão gostar de viver nesta zona da cidade e a ______________ é muito simpática. Embora ainda não lhe tenha perguntado diretamente, compreendi que vão ficar a viver em Portugal por uns anos…

– De facto é. Vamos ficar, pelo menos, cinco anos. Depois, tudo depende da ______________, ou não, do meu contrato.

– Claro, claro! Bem, nesse caso vou precisar dos vossos passaportes para elaborar o contrato de arrendamento. Como já lhe expliquei ontem, no ato da ______________ do contrato, deverão pagar dois meses de renda. Este mês extra chama-se ______________ e serve para usufruírem de mais um mês da casa após o fim do contrato. Se saírem na data ______________, o proprietário entregar-vos-á esta caução, que é o valor de um mês de renda.

– E quando poderemos começar a habitar o apartamento?

– Logo que o contrato esteja assinado... poderão vir... Amanhã elaborarei o contrato, depois telefono-vos para que o venham assinar e, a partir daí, a casa é vossa pelo período contratado. Resta-me informar-vos que o contrato irá ter uma ______________ na qual se estipula que os inquilinos (os senhores, neste caso) se obrigam a manter a casa em boas condições de habitabilidade. Caso contrário, terão de pagar pelas ______________ que forem necessárias quando a desocuparem.

– É justo. Concordamos inteiramente. E, só mais uma coisa: como é que pagamos a renda mensalmente?

– Penso que a maneira mais prática, para ambas as partes, é por ______________ bancária e eu mandar-vos-ei o recibo por correio.

– De acordo. Ficamos à espera do seu telefonema, Sr. Salema.

– Amanhã contactá-los-ei. Muito bom dia e até amanhã.

– Bom dia, Sr. Salema. Até amanhã.

II - Oralidade

1. No seu país, qual é a situação mais frequente: arrendar ou comprar casa?

2. As formalidades para elaborar um contrato de arrendamento no seu país são muito diferentes das que acabou de ler?

III - Vocabulário

A. Qual é o verbo apropriado?

A	B
1. passar	a) os parabéns
2. assinar	b) medidas contra alguém
3. tomar	c) um empréstimo
4. apanhar	d) um cheque
5. dar	e) um contrato
6. abrir	f) o computador
7. conceder	g) uma exceção
8. reparar	h) uma constipação

17

B. Ouça as seguintes palavras e escreva o sinónimo.

1. ______________________
2. ______________________
3. ______________________
4. ______________________
5. ______________________
6. ______________________
7. ______________________

C. Complete a palavra que falta.

1. A família Magalhães quer comprar uma casa mas precisa de pedir um **e**__________ ao banco.
2. Assim que eles viram a casa ficaram encantados porque tinha uma boa **d**__________ para guardar alguns utensílios do dia a dia.
3. A casa que o Fonseca arrendou tem uma **v**__________ grande que dá para o jardim, mas os filhos preferem ir para o parque brincar.
4. A casa que ela comprou no Alentejo é muito bonita, até tem **l**__________ para acender nos dias de inverno.
5. Cada vez mais as pessoas preocupam-se com o meioambiente e, por isso, resolvem instalar **p**__________ solares no telhado.
6. Necessito da vossa **i**__________ para elaborar o contrato de arrendamento.

7. Depois de termos acordado com as cláusulas do contrato de compra e venda, precisamos de ir ao **n**__________ para ser autenticado.
8. Os Smith **a**__________ um carro para irem visitar o Alentejo no sábado passado.

IV - Gramática

A. Conjugue o verbo dado no Pretérito Perfeito Composto do Conjuntivo.

1. Espero que a família Smith __________ (gostar) do apartamento que foram visitar esta manhã.
2. Lamento que tu não __________ (poder) vir à festa que demos na sexta-feira passada à noite, porque nos divertimos imenso.
3. Ficarei aqui até que vocês __________ (terminar) o contrato, porque quero lê-lo antes de o enviar.
4. Amanhã, por estas horas, é provável que eles já __________ (chegar) a Londres.
5. Oxalá vocês __________ (fazer) um bom negócio!
6. É provável que a Berta ainda não __________ (ter) o bebé.

B. Complete o texto com o verbo dado na forma correta.

No fim do verão passado __________ (decidir) mudar de casa. __________ (perguntar) aos amigos se __________ (conhecer) alguma casa perto do escritório que __________ (estar) para arrendar. Todos os dias __________ (comprar) o jornal e __________ (ler) o suplemento "Habitação" de ponta a ponta. À hora do almoço __________ (dar) passeios a pé pelas ruas perto do meu trabalho, para ver se __________ (descobrir) algum apartamento. Tudo isto __________ (demorar) várias semanas, talvez até __________ (demorar) dois meses e tal. Já nem me lembro!

Unidade 12

Quando eu já ______________ (perder) as esperanças, ______________ (encontrar) uma antiga colega de faculdade no café onde ______________ (costumar) ir. Embora não nos ______________ (ver) há muito tempo, ______________ (ser) um reencontro muito amistoso. Ela contou-me que ______________ (casar-se) com um sueco há uns meses e que ia viver para a Suécia dentro de uma semana. Fiquei contente por a ver tão feliz e entusiasmada. Nesse momento, ______________ (perguntar)-lhe:

– E a tua casa, já a ______________ (vender)? Se ______________ (ir) para a Suécia não vais precisar dela.

– Não, não a quero vender. É um património que quero manter aqui em Portugal.

– Mas… vai ficar vazia?

– Bem, eu ______________ (gostar) de a arrendar a alguém de confiança. Tu sabes como é: por vezes as pessoas não ______________ (ter) o cuidado devido quando ______________ (viver) numa casa que não lhes pertence.

– Espero que me ______________ (considerar) de confiança…

– Desculpa, mas não compreendo o que queres dizer…

– É que eu ______________ (andar) à procura de uma casa nesta zona e oxalá ______________ (poder) arrendar a tua.

– Queres arrendá-la?

– Se tu não te ______________ (importar).

– Ora essa. Olha, tu ficas lá até que eu ______________ (vir) nas férias do Natal e depois ______________ (decidir) a renda. O que é que achas?

– A mim parece-me ótimo, parece-me um sonho!

– E não te ______________ (preocupar) que não pagarás renda até que nós ______________ (decidir) qual o valor que irás pagar. Combinado?

– Combinado. Amanhã telefono-te.

– Fico à espera.

C. Preposições de regência nominal.

1. Peço desculpa _______ o atraso, mas hoje há greve dos transportes públicos.
2. A Maria é uma rapariga muito calma e paciente. Ela tem muito jeito _______ lidar com crianças.
3. Para te dizer a verdade, não tenho qualquer interesse _______ mudar de casa. Gosto desta!
4. Esta situação não passa de uma exceção _______ a regra.
5. Não tenho tido notícias dos meus irmãos. Estou preocupada _______ eles porque foram para tão longe e não escrevem nem telefonam.
6. Estou na disposição _______ mudar de vida.

V - Alguns sons mais difíceis

Ouça o texto e complete.

18

O se__tor imobiliário em Portugal tem vivido momentos de altos e bai__os. Tudo tem dependido da conjuntura económica internacional que também se tem refletido no nosso país.

Porém, nestes últimos meses tem-se verificado uma me__oria, pois muitas das constru__ões que estavam paradas por falta de verba, recomeçaram. Já há pessoas interessadas em voltar a investir, principalmente nas re__iões turísticas, perto do mar ou, até mesmo, no interior do país.

Tem havido um aumento de constru__ão na área da hotelaria, mais concretamente naquilo a que se chama "Turismo Rural" ou "Turismo de Habitação". É uma nova maneira de se poder receber turistas nacionais ou estrangeiros de um modo mais aco__edor e familiar. Por isso, este tipo de construção começa a ver me__ores dias.

Ouça o texto.

19

PAÍS DE EMIGRAÇÃO E IMIGRAÇÃO

O Walter é um jovem de ascendência alemã, que vive nos Estados Unidos desde que a família para lá emigrou. Hoje encontrou-se com o Luís, um amigo com o qual decidiu abordar a questão da emigração.

– Ó Luís, qual é a diferença entre emigração e imigração?

– Walter, penso que já terás aprendido que há palavras em português que têm um som semelhante, mas que se escrevem de forma diferente e têm também um sentido diferente. Não te lembras da explicação do professor? São as palavras homófonas!

– Sim, claro que me lembro. Mas o que eu gostava era de saber um pouco mais sobre estas duas realidades sociais. Pensei que me podias ajudar...

– Ah! Então é isso. Vou tentar ser conciso. Bem, os portugueses desde há muitos anos que, por várias razões, começaram a sair de Portugal e a escolher outros países para trabalhar e viver, para melhorarem as suas condições económicas.

– Eu sei que lá nos Estados Unidos, na cidade onde eu vivo, há muitos portugueses.

– De facto é verdade. Parece que os primeiros emigrantes portugueses que foram para os Estados Unidos eram dos Açores.

– É aquele arquipélago no meio do Atlântico, não é?

– Sim, é. Eram baleeiros e foram para a costa leste do teu país para se dedicarem à pesca da baleia, e por lá ficaram. Depois, outros foram para trabalhar em fábricas e noutros sectores da economia. Mas olha que Portugal tem sido um país de emigrantes já desde o século XV.

– A sério...?

– É verdade, Walter! Tanto quanto sei, a emigração portuguesa começou por volta do século XV e XVI. Em meados do século XVI, os portugueses começaram a procurar melhores condições de vida no Brasil, em países da Europa e em países da América, como, por exemplo, a Argentina, a Venezuela, o Canadá, a Austrália...

– Uhmmm, não sabia.

– Mas foi, já no séc. XX, a partir dos finais dos anos 50, que um grande número de portugueses começou a ir para França, Alemanha, Holanda, Luxemburgo, Suíça, etc. Há quem diga que, naquela época, saíram de Portugal cerca de um milhão de portugueses.

– Mas nem todos voltaram para Portugal, pois não?

– Não. Por razões de ordem económica, social e familiar muitos acabaram por ficar lá, apesar de virem muitas vezes a Portugal visitar a família. Alguns construíram casas cá para voltarem, outros não. Depois vieram os descendentes e, na maior parte dos casos, foram ficando...

– Interessante...

– De facto é interessante. E agora tem-se verificado um fenómeno ainda mais interessante: muitos descendentes destas famílias que emigraram, já terceiras e quartas gerações, começam a vir a Portugal para aprenderem a língua dos seus antepassados. Querem conhecer as raízes, as origens...

– Pois é Luís, o sentimento das "raízes" está dentro de cada um de nós. Talvez por tudo isso, que me tens estado a contar, vocês sejam um povo acolhedor para os que procuram trabalho cá. Para os imigrantes, não é assim?

– Penso que é verdade. Até aos anos 90, Portugal foi o país escolhido pelos povos lusófonos. Começaram a vir no início dos anos 70, curiosamente, porque em Portugal começou a faltar a mão de obra na construção civil devido à emigração dos portugueses.

– Se calhar escolheram Portugal por causa da língua...

– Sim, esse foi um dos motivos com toda a certeza. Os homens vieram trabalhar principalmente na construção civil e as mulheres nas limpezas. Mais tarde, começaram a vir povos dos países do Leste Europeu.

– Neste bocado aprendi muito contigo, Luís. Poderias ser um bom professor.

– Obrigado pelo elogio, mas este é um assunto pelo qual me interesso. Gosto de ler, de estar informado e de falar sobre os temas sociais do meus país.

I - Compreensão oral

20 **A. Ouça as frases sobre o diálogo e responda marcando verdadeiro ou falso.**

	V	F
1.		
2.		
3.		
4.		
5.		

21

B. Ouça o texto que se segue e complete os espaços.

Os "Novos Emigrantes" portugueses

– Mas Luís, só mais uma _______________: ao longo destes anos os portugueses terão deixado mesmo de emigrar?

– Não, não deixaram, mas a situação é bem diferente: enquanto que a maioria dos primeiros portugueses que procuraram melhores condições de vida fora de Portugal eram pessoas com um nível social, cultural e de _______________ baixo...

– Por isso tinham dificuldade em melhorar o nível de vida, não era?

– Sim, era isso. Mas agora temos um outro género de emigração: a nova emigração.

– Quem são eles?

– Olha, na maioria dos casos são jovens que terminam a universidade e querem fazer uma pós-graduação, um _______________ ou até mesmo um doutoramento noutro país. Vão e por lá ficam: encontram um trabalho _______________ economicam ente com os estudos.

– Têm mais oportunidades para melhorar o nível de vida.

– Sem dúvida. Mas não significa que estes "novos emigrantes" sejam todos universitários. Há também casos de pessoas que começam uma _______________ cá em Portugal e, como querem desenvolvê-la lá fora, emigram.

– Que tipo de pessoas são essas?

– Por exemplo, pintores de arte, músicos, gente que se dedica ao teatro e cinema, _______________ de moda, jovens que fizeram a formação profissional na área da _______________...

– São pessoas com percursos muito variados.

– Sabes Walter, são jovens com coragem e que aceitam novos desafios.

– E isso é muito bom.

II - Oralidade

1. **Há muitos imigrantes no seu país? Qual a origem da maioria deles e como é que se integram na sociedade?**

2. **E você, já alguma vez emigrou ou pensou em fazê-lo? Se sim, para onde e quais eram os seus objetivos?**

III - Vocabulário

A. Das palavras dadas qual é a que não pertence à ordem lógica?

1. a) a emigração	b) a imigração	c) a migração	d) a viagem
2. a) o ordenado	b) o salário	c) o acordo	d) o vencimento
3. a) o descanso	b) a tarefa	c) o trabalho	d) o emprego
4. a) saiba	b) sabe	c) venha	d) tenha
5. a) até	b) onde	c) que	d) quem

B. Ouça os seguintes verbos e diga qual é o respetivo substantivo.

22

1. ______________________
2. ______________________
3. ______________________
4. ______________________
5. ______________________
6. ______________________
7. ______________________

C. Complete os provérbios. Junte A + B.

A	B
1. Quem dá o que tem,	a) meia palavra basta.
2. A cavalo dado,	b) a mais não é obrigado.
3. À noite	c) há pouco quem.
4. Para bom entendedor,	d) não se olha o dente.
5. Amigos, amigos,	e) todos os gatos são pardos.
6. Cada cabeça,	f) não morde.
7. Cão que ladra,	g) negócios à parte.
8. Depressa e bem	h) sua sentença.

IV - Gramática

A. Conjugue o verbo dado no Futuro Perfeito do Indicativo.

1. Eu / emigrar

Dentro de uma semana ______________________ para a Califórnia.

2. Eles / chegar

Por volta das 21:30 ______________________ a casa para jantar.

3. Nós / partir

Amanhã, por estas horas, ______________________ de férias para Espanha.

4. Eles / discutir

Até ao final do dia ______________________ as regras para a legalização dos imigrantes.

5. Tu / pagar

Até ao dia 8 já ______________________ a renda da tua casa.

6. Nós / gastar

Antes do meio do mês já ______________________ o ordenado.

B. Complete a notícia jornalística com o Futuro Perfeito do Indicativo.

Homem Encontrado com Amnésia

Ontem, ao fim do dia, um indivíduo foi encontrado nas imediações do Centro Comercial *Vida Bela* por um transeunte. Segundo esta testemunha, o homem aparentava ter uns cinquenta anos, não falava e ______________ (esquecer-se) do nome e onde morava. Algumas pessoas que por ali circulavam, decidiram chamar a polícia e uma ambulância que o ______________ (levar) para o hospital logo depois de o terem examinado no local.

De acordo com informações obtidas, a polícia ______________ (tomar) conta da ocorrência e ______________ (tentar) entrar em contacto com familiares da vítima.

Até à hora do fecho desta edição ainda não eram conhecidas mais informações a respeito deste homem.

C. Substitua a parte destacada pelo respetivo pronome de complemento direto ou indireto.

1. Antes de eles chegarem já terei feito **o relatório**.

____.

2. A Maria e a colega terão comprado **alguns CD para** oferecer ao colega ucraniano que se vai embora.

____.

3. Eu teria escrito um *e-mail* **ao Joaquim** se soubesse o endereço dele.

____.

4. Assinarias **um contrato** só por seis meses?

____.

5. Eu faria **o relatório** para o meu diretor se ele me tivesse pedido.

____.

V - Alguns sons mais difíceis

23 **Ouça o texto e complete.**

O Valdimir é um jovem que veio para Portugal como emigrante há três anos. Começou por traba__ar na constru__ão civil, mas era um trabalho muito duro. Decidiu começar a estudar português numa a__ociação de apoio aos __migrantes menos favorecidos economicamente. De manhã, começava a trabalhar bem cedo e, ao fim do dia, ia para esta a__ociação onde encontrava outras pe__oas em situação semelhante à dele.

Passado pouco tempo já podia comunicar e entender os colegas e vi__inhos. Conseguiu um vi__to de residên__ia e por cá ficou. Porque era um trabalhador muito a__íduo e dedicado ao trabalho, o patrão pô-lo no escritório da empresa de construção. Como tinha estudado Matemática e Contabilidade, não lhe foi difícil aceitar a nova tarefa: tratar das faturas da empresa, pagar aos fornecedores e organi__ar os assuntos burocráticos.

Contudo, nunca deixou de ir às aulas de português. Quando já tinha um bom domínio da língua, enviou o *curriculum vitae* para algumas empresas de importação/e__portação que trabalhavam com a Moldávia.

Ouça o texto.

24

OS PORTUGUESES, A CULTURA E O LAZER

A maioria dos passatempos preferidos dos portugueses não são muito diferentes dos de outros povos. Contudo, sendo a situação geográfica muito propensa à vida fora de casa, esta realidade traz algumas diferenças. Também a cultura do país se reflete nos interesses de lazer dos portugueses. Mas não podemos generalizar, tanto mais que os tempos livres dos jovens são, normalmente, diferentes dos dos menos jovens.

Ao longo deste curso, conhecemos alguns jovens estrangeiros que, por um ou outro motivo, foram tomando contacto com a cultura portuguesa: o Robert, o Marek, a Kathrin, o Vitaly, a Marianne e o Walter. Por isso, tendo acabado a estada deles em Portugal, decidiram encontrar-se e conversarem sobre o que acharam mais interessante a nível dos tempos livres dos portugueses.

Robert – Vocês também foram ao Bairro Alto?

Walter – Eu fui e achei interessante aquela vida noturna. Bem diferente da dos Estados Unidos!

Marek – E da checa...

Kathrin – É verdade. Têm razão. As ruas ficam cheias de gente: vão lá dentro aos bares, pedem uma bebida e vêm cá para fora beber.

Vitaly – É verdade, mas eu acho que o facto de ser proibido fumar dentro de locais fechados faz com que venham para a rua beber e conversar.

Mary – E também por os bares serem tão pequeninos.

Robert – Repararam que esta atividade noturna não é só ao sábado?

Todos – Pois não. Não compreendemos como é que podem sair até tão tarde todas as noites.

Walter – Estão acostumados.

Kathrin – Mas uma coisa que também achei curiosa foi o facto de ver muita gente jovem a praticar desporto.

Robert – Nisso também eu reparei: não só muitos vão ao ginásio, como também correm nos parques e pelas ruas, apesar de muitas serem inclinadas e com trânsito.

Marek – É uma aventura para eles! Mas têm bons lugares, pelo menos em Lisboa, para fazer desporto: o Estádio Universitário, o Parque das Nações, o paredão junto às praias...

Mary – E os portugueses também adoram a praia. Não só em pleno verão, mas em qualquer ocasião: basta haver sol e calor.

Kathrin – Também me pareceu, e os meus amigos portugueses chamaram-me à atenção para o facto de cada vez se andar mais de bicicleta, não só para irem para as aulas ou para o trabalho, mas também aos fins de semana.

Vitaly – Por acaso, reparei nisso. E não há dúvida que os jovens portugueses, com quem tive oportunidade de conviver, são muito mais abertos do que os do meu país. Gostam de organizar saídas, para irem ao Bairro Alto, aqui em Lisboa, ou para irem jantar, nem que seja num *fast-food*.

Kathrin – Achei curioso que, muitas vezes, para meterem conversa ou como pretexto para um encontro, os portugueses perguntam: "Queres ir tomar um café?"

Robert – Eu acho que "tomar um café" é para eles um ato social.

Marek – Como é para nós "tomar uma cerveja"...!

Agora leia...

1 - Compreensão oral

A. Ouça as perguntas sobre o texto e responda por escrito.

5

1. ______________________________
2. ______________________________
3. ______________________________
4. ______________________________
5. ______________________________

B. Ouça o texto que se segue e complete os espaços.

6

Os portugueses menos jovens, a cultura e o lazer

Durante este curso de português também conhecemos estrangeiros que vieram para Portugal fazer turismo, como o Sr. Fox, ou para trabalharem, como foi o caso da Marianne, do Ramirez e do John Smith.

Sendo eles de uma ______________ etária um pouco mais velha, tiveram oportunidade de se ____________ com portugueses também mais ou menos da idade deles. Assim, observaram que a maneira como os portugueses vivem e passam o tempo livre, por vezes, é ____________ e diferente do que estavam acostumados nos respetivos países.

Quer a Marianne, quer o Ramirez ou o John Smith, todos eles observaram que muitas vezes os encontros ____________ são mais ____________ durante um almoço. Um longo almoço… Chegam a acordo com mais facilidade e ____________.

Todos eles concordam que os portugueses gostam muito de sair para jantar com os amigos, principalmente aos fins de semana. Mas também, por outro lado, comentaram a ____________ dos portugueses que têm gosto em receber na própria casa e de ____________ a boa comida e bebida de que tanto se orgulham.

Como em Portugal os cinemas, teatros e concertos não são muito caros, em comparação com outros países, muitos portugueses gostam de ir a estes espetáculos. O Ramirez, como é espanhol, achou que havia uma característica muito semelhante à da Espanha: o gosto pelo futebol. Quase todos os homens não perdem um bom jogo de futebol ao sábado ou ao domingo e são muito ____________ quanto ao seu clube. Por outro lado, muitas vezes, as mulheres gostam de passar algum do tempo livre a passear nos centros comerciais ou a passear com as crianças pelos parques e até mesmo por alguns museus.

II - Oralidade

1. Quais são as principais características do cidadão comum do seu país?

2. Como é que passam os fins de semana ou outros tempos livres? Quais os passatempos preferidos?

III - Vocabulário

A. Procure na coluna B o significado dos estrangeirismos da coluna A.

A	B
1. *fast food*	a) motorista
2. *chauffeur*	b) ementa
3. *savoir faire*	c) perícia
4. *menu*	d) engano
5. *gaffe*	e) comida rápida

B. Complete o diálogo com a palavra mais apropriada.

tal	***aqui***	***copo***	***dedos***
pressa	***ligo***	***nem***	***condução***

■ Olá Mary, então como vais?

● Olá! Tudo bem. Por ________________?

■ É verdade. Vim tratar de uns papéis que precisava para tirar a carta de ________________.

● Ainda não conduzes?

■ Não, ainda não. Olha, e que ________________ irmos tomar um cafezinho?

● Mas eu acabei de tomar um café com a Kathrin...

■ Então, nesse caso podemos ir tomar um ________________.

● A esta hora? Ainda ________________ são três horas!

■ Já vi! Estás cheia de ________________. Não tens tempo para dar dois ________________ de conversa comigo!

● Mas... nós estamos a falar... Podemos combinar sair numa destas noites, se quiseres, e irmos jantar a qualquer lado...

● Sendo assim, fica para sexta. Depois ________________-te.

C. Escolha na coluna B a interjeição mais adequada.

A	B
1. Surpresa	a) Hum!
2. Desejo	b) Basta!
3. Ordem	c) Caramba!
4. Silêncio	d) Irra!
5. Dúvida	e) Deus queira!
6. Cólera	f) Chiu!

IV - Gramática

A. Substitua o que está destacado pelo Gerúndio Simples.

1. ***Logo que eu acabar*** de escrever este *e-mail,* vou telefonar ao John e à mulher para os convidar para um jantar.

   ______________ de escrever este *e-mail,*, vou telefonar ao John e à mulher para os convidar para um jantar.

2. ***Enquanto estiverem*** doentes, devem ficar em casa.

   ______________ doentes, devem ficar em casa.

3. Há vários dias que ando ***a tentar*** contactar com eles para nos juntarmos no fim de semana.

   Há vários dias que ando ______________ contactar com eles para nos juntarmos no fim de semana.

4. Eles estavam muito felizes e ***riam-se*** por tudo e por nada.

   Eles estavam muito felizes ______________ por tudo e por nada.

5. ***Assim que chega*** a casa, agarra-se logo ao telefone para falar com as amigas.

   ______________ a casa, agarra-se logo ao telefone para falar com as amigas.

B. Transforme as frases de modo a usar o Gerúndio Simples ou Composto.

1. Se encontrares o Marek, diz-lhe que combinámos às oito e meia em frente ao restaurante.

   ___

2. Como não telefonei ao Ramirez, ele não apareceu.

   ___

3. Quando for a Londres, vou visitar a família do John. Ele já me convidou.

   ___

4. Como já vi esse filme, vou ficar em casa esta noite e aproveitar para descansar.

   ___

5. Eles arrendaram a casa por cinco anos, mas agora eles vão voltar para Manchester.

   ___, agora ___

C. Use o verbo Ir + Gerúndio.

1. Esta manhã, o despertador não tocou e eu quase que ___ (chegar) atrasada ao trabalho.
2. Cuidado ao atravessares! Não vês que ___ (ser) atropelada por aquele carro?
3. Ele ontem comeu e bebeu tanto que ___ (ter) uma congestão. O que valeu foi que lhe dei uns comprimidos para a digestão.
4. Ele ___ (perder) o avião, pois demorou mais tempo a fazer o check-in do que estava à espera.
5. Ela não tem comido nem dormido o suficiente e, ontem, ___ (desmaiar) em plena sala.

V - Alguns sons mais difíceis

27 **Ouça o texto e complete.**

Nos últimos anos, os portugueses que vivem não só nos grandes centros ___rbanos, mas também nas vilas e em algumas aldeias, ad___iriram o hábito saudável de praticar desporto nos tempos livres: ao fim do dia, depois do trabalho, ou de ma___ãzinha, antes de o começarem. É frequente, ao fim de semana, ver famílias andando de bicicleta e fazendo cami___adas.

Mas também há portugueses que gostam de passar o tempo livre a fazer desporto "sentado": com o comando na mão, sentam-se no sofá e vão vendo tudo o que é programa desportivo na televisão. Ao mesmo tempo, alguns vão pondo a leitura da semana em dia, bebendo café e conversando com quem está por perto.

Há quem goste de sair, logo de ma___ã cedo, com a família para ir dar um pa___eio de carro, apre___iando a paisa___em já várias vezes observada, almoçar num restaurante um bom petisco português.

Em Portugal, a vida que os portugueses fazem durante o tempo livre é aquela que escolhem livremente ou a que lhes é "imposta" pelas circunstâncias sociais. Não será muito diferente de outras sociedades, pelo menos das europeias.

Ouça o texto.

28

O ARQUIPÉLAGO DA MADEIRA

O Arquipélago da Madeira situa-se no Oceano Atlântico e é constituído não só pela Ilha da Madeira, que é a ilha principal, mas também pela Ilha do Porto Santo, Ilhas Selvagens e Ilhas Desertas. Estas ilhas têm origem vulcânica e um clima subtropical com uma grande variedade de plantas e árvores. O Arquipélago tem uma flora muito rica e exótica.

O Funchal é a capital da Ilha da Madeira. Este arquipélago é oficialmente designado por Região Autónoma da Madeira, com autonomia política e administrativa.

Por ser uma ilha de origem vulcânica, é muito acidentada: tem muitas montanhas com grandes vales entre os picos mais altos e enormes falésias na maior parte da costa.

Muitos portugueses e turistas procuram a Ilha da Madeira para fazerem férias, não só por causa do clima ameno durante praticamente todo o ano, mas também para fazerem caminhadas pelas montanhas. São as conhecidas "levadas": percursos que oferecem a possibilidade de conhecer a natureza mais selvagem da ilha.

O casal Andersen decidiu passar um mês na Madeira. Nunca lá tinham estado antes e estão a adorar. Antes, ainda na Dinamarca, de onde eles são, consultaram informação sobre a ilha e ficaram a saber que o Arquipélago da Madeira foi descoberto no século XV pelos portugueses João Gonçalves Zarco e Tristão Vaz Teixeira.

Já foram até à outra ilha, o Porto Santo, e adoraram a praia: muito extensa e com um ambiente pacato. Eles acham que, assim que tiverem comprado uma casa ali, passarão mais tempo no Porto Santo do que em Copenhaga. Também esta ilha tem uma paisagem variada e fascinante, se considerarmos a dupla vertente de mar e montanha.

Ainda que os madeirenses vivam essencialmente do turismo, também a agricultura tem um peso considerável na economia. Há muita variedade de legumes e frutos. A pesca é, também, um outro aspeto a considerar, principalmente a pesca do atum e do peixe-espada preto. Por tudo isto, a gastronomia é deliciosa, assim como as bebidas mais tradicionais: a Poncha e o Vinho da Madeira.

No Funchal há lugares muito agradáveis para visitar e um deles é o mercado, ainda que possa parecer estranho... No mercado do Funchal pode-se observar uma imensa variedade de flores, de plantas... É difícil escolher!

Os madeirenses também se dedicam a dois tipos de artesanato: os bordados e utensílios feitos de vime, que é um tipo de vara, flexível, que serve para atar, moldar e fazer alguns objetos, como, por exemplo: cestos, mesas, cadeiras, etc. É um trabalho muito duro feito por homens desde há muito tempo.

É uma ilha muito bonita para se passar algum tempo de lazer.

Agora leia...

I - Compreensão oral

29

A. Ouça as frases sobre o texto e responda marcando verdadeiro ou falso.

	V	F
1.		
2.		
3.		
4.		
5.		

30

B. Ouça o texto que se segue e complete os espaços.

As Bebidas mais Famosas da Ilha da Madeira

A **Poncha** é uma bebida ______________ da Ilha da Madeira, muito apreciada e ______________ não só pelos madeirenses, mas também por todos os que visitam a ilha. É uma bebida que, inicialmente, era feita com ______________ de cana-de-açúcar, água, açúcar e ______________ de limão. Atualmente, já se produz com sumo de ______________ ou laranja, em vez do sabor a limão.

Há quem diga que esta bebida é originária da Índia, onde é conhecida por *pãnch*.

O **Vinho da Madeira**, que é muito famoso não só em Portugal como em todo o mundo, teve origem num tipo de ______________, casta originária de Veneza. Esta casta chamava-se Malvasia. Como no século xv Veneza era um mercado dominante no Mediterrâneo, com imensas ____________ comerciais por toda a Europa, não é de surpreender que tenha cá chegado.

Depois, com a ajuda do tipo de solo ____________ da Madeira e o clima ameno, esta casta revelou-se muito boa para esta produção ____________. Também devido ao facto de o processo de maturação ter sofrido várias alterações, sendo cada vez mais elaborado, chegou-se à qualidade exigida, e que é a que atualmente tem.

É um tipo de vinho muito apreciado como aperitivo ou digestivo e também usado em culinária.

II - Oralidade

1. Quais são as principais iguarias do seu país?

2. Conhece o Vinho da Madeira? Qual é a sua opinião?

III - Vocabulário

A. Escolha um prefixo da coluna A e escreva a palavra contrária.

A		***Palavra contrária***
	habitado	*1.*____________
	regular	*2.*____________
	legal	*3.*____________
	aceitável	*4.*____________
i / ir / in / im / des	possível	*5.*____________
	adequado	*6.*____________
	respirável	*7.*____________
	previsto	*8.*____________
	honesto	*9.*____________
	limitado	*10.*____________

Unidade 15

31

B. Ouça as frases e escolha o provérbio apropriado.

Amor com amor se paga	***A noite é boa conselheira***	***A galinha da vizinha é melhor do que a minha***
A união faz a força	***A cavalo dado não se olha o dente***	

1. ______________________________
2. ______________________________
3. ______________________________
4. ______________________________
5. ______________________________

C. Profissões. Como se chama quem...?

A	B
1. Cultiva a terra?	a) Maquinista
2. Conduz um comboio?	b) Biólogo marítimo
3. Vende flores numa loja ou mercado?	c) Agricultor
4. Trata e cuida da flora marítima?	d) Florista
5. É responsável pela construção de um prédio?	e) Construtor civil
6. Dirige uma universidade?	f) Reitor

IV - Gramática

A. Modifique a frase começando como indicado e conjugando o verbo no Futuro Perfeito Composto do Conjuntivo.

1. Visitem o Porto Santo e depois conversamos sobre a beleza paisagística da ilha.

   Assim que ______________________, conversamos sobra a beleza paisagística da ilha.

2. Acabadas as férias na Madeira, venham visitar-me a Lisboa.

   Quando ______________________, venham visitar-me a Lisboa.

3. Em caminhando pelas "levadas", vão ficar com uma ideia mais clara sobre a natureza da ilha.

   Assim que ______________, vão ficar com uma ideia mais clara sobre a natureza da ilha.

4. Primeiro bebam a Poncha de maracujá e depois digam-me o que acharam.

   Quando ______________, digam-me o que acharam.

5. Em vendo os bordados típicos desta ilha, não vão resistir a comprar uma peça.

   Assim que ______________, não vão resistir a comprar uma peça.

B. Conjugue os verbos dados.

1. IR

- Se no ano passado eu ______________ ao Funchal com os meus amigos, tinha-me divertido e descansado bastante.
- Ao ______________ ao mercado do Funchal, não resistimos a comprar flores.
- Oxalá nós ______________ até Porto Moniz.

2. VIR

- Lamento que vocês não ______________ passar o último fim de semana connosco.
- ______________ à ilha, tragam equipamento para fazerem mergulho.
- Eu ______________ trabalhar para aqui, se encontrasse um trabalho.

3. VER

- Se eu ______________ os teus amigos, dou-lhes o recado. Fica descansada.
- Eles ______________ visto o João, se tivessem vindo cá.
- ______________ todo o arquipélago, decidiram apanhar o avião e irem para outro lado.

4. LEMBRAR-SE

- ______________ de quem te ______________, nunca lhe escreves ou telefonas.
- Se tu ______________ de comprar uma garrafa de Vinho da Madeira, poderíamos experimentar agora com este bolo de mel.
- Eu ______________ de a comprar, se tivesse passado por uma loja de vinhos.

5. ESTAR
- Não acho que hoje ______________ calor.
- Acho que não ______________ frio.
- ______________ calados e quietos!

C. Complete o texto com a preposição adequada, fazendo a contração quando necessário.

Bolo de Mel

Este é o bolo mais famoso e antigo ______ a doçaria ______ a Ilha da Madeira. Há quem diga que apareceu ______ a época ______ que havia uma grande produção ______ açúcar. ______ outro lado, há pessoas que defendem que ele surgiu após a chegada ______ as especiarias que vieram ______ a Índia aquando ______ a época ______ os Descobrimentos.

Não importa qual é a origem, mas há uma tradição secular que ainda vigora ______ os nossos dias: o Bolo de Mel é preparado ______ o dia 8 ______ dezembro ______ estar ______ boas condições ______ comer ______ o dia de Natal.

Também manda a tradição que este bolo seja partido à mão, podendo ser conservado ______ um ano.

Tem uma forma redonda e achatada, é feito ______ a base de mel e, no fim, é coberto ______ nozes.

V - Alguns sons mais difíceis

Ouça o texto e complete.

32

A Ilha da Madeira tem muitas tradi__ões e quem a visitar nos meses de verão vai ter muito por onde esco__er. É nesta época do ano que voltam à terra os muitos __migrantes que se encontram espa__ados pelo mundo.

Em todas as paróquias há festas populares a que chamam "a__aiais". Uns têm mais impacto do que outros, mas sempre com o mesmo sentido: homena__ear o Santí__imo Sacramento, já que estamos a falar de uma ilha onde a religião tem muita importância entre os i__éus. Nestes arraiais há sempre muita alegria e animação.

Ouça o texto.

33

O ARQUIPÉLAGO DOS AÇORES

O arquipélago dos Açores, situado a nordeste do oceano Atlântico, tem origem vulcânica e apresenta uma maior nitidez na formas do relevo do que a Madeira. Ainda hoje se mantêm as erupções vulcânicas, sendo a mais significativa a que se encontra na ilha de S. Miguel – no famoso Vale das Furnas. O arquipélago é constituído por nove ilhas que estão divididas em três grupos: grupo ocidental (Ilha do Corvo e Ilha das Flores), grupo central (Ilha do Faial, Graciosa, Pico, São Jorge e Terceira) e o grupo oriental (Ilha de Santa Maria e Ilha de São Miguel). A ilha principal é a de S. Miguel, onde está a capital do arquipélago: Ponta Delgada.

À semelhança do Arquipélago da Madeira, também os Açores são oficialmente designados por Região Autónoma dos Açores. Têm um território autónomo de Portugal.

O clima é temperado, com uma humidade relativa. A chuva é mais ou menos constante durante todo o ano, sendo característico haver, num curto espaço de tempo: sol, chuva, vento forte e acalmia. Estas características climatéricas são as responsáveis por uma agricultura abundante e uma flora diversificada.

Depois de terem sabido da beleza paisagística dos Açores, a família Smith decidiu ir até lá fazer férias. Quando chegaram a Ponta Delgada foram ao posto de turismo pedir alguns folhetos e depois alugaram um carro. Nesse mesmo dia deram uma volta por São Miguel e foram visitar um dos lugares mais bonitos: a Lagoa das Sete Cidades. Aqui, o John deu largas ao seu passatempo preferido: fotografar. Não se cansou de tirar fotos àquela lagoa que de um lado é azul e do outro... verde! Continuaram a viagem até à Ribeira Grande, que fica no lado norte da ilha. Aí, tiveram o primeiro contacto com a maravilhosa gastronomia açoriana.

Após terem visitado uma grande parte da ilha, voltaram a Ponta Delgada e, já no hotel, encontraram uma simpática família portuguesa que vive no continente, mas que vai aos Açores com muita regularidade. Aproveitaram esta oportunidade para trocarem impressões sobre a vida e cultura açoriana.

José Sousa – Nós apreciamos muito a vida aqui nos Açores e, por isso, vimos com alguma frequência.

John Smith – Ficámos encantados com o passeio que demos hoje. São Miguel parece ser uma ilha muito bonita, com muita vegetação. A agricultura está muito desenvolvida e a pecuária é, com certeza, uma boa fonte de rendimento para a economia.

José Sousa – Sim, sem dúvida. A produção de leite é bastante importante e, consequentemente, a indústria do queijo…

John Smith – Hummm, nem me fale nisso. Hoje provámos um delicioso…

José Sousa – Mas a produção de carne também tem um grande peso para a economia do arquipélago. Assim como a pesca.

John Smith – Há muito atum, não é? Pelo menos foi o que nos disseram no restaurante onde almoçámos.

José Sousa – E fazem-no de uma maneira fabulosa…

John Smith – Mas ao contrário do que eu tinha imaginado, também nos pareceu que há um grande desenvolvimento, e de qualidade, ao nível da hotelaria…

José Sousa – Sem dúvida. Aliás, o turismo está a prosperar bastante. Tem trazido muito mais gente até cá. Então, durante o verão, não só com a vinda dos emigrantes…

John Smith – Emigrantes…?

José Sousa – … principalmente dos Estados Unidos, da costa leste.

John Smith – Ah… não sabia!

José Sousa – Mas como eu estava a dizer, também as festas do Senhor Santo Cristo e as do Espírito Santo trazem muita gente de fora, até do continente. Para não falar das inúmeras festas que se realizam na Terceira…

John Smith – Com tudo isso, agora ainda estou com mais curiosidade por ir visitar as outras ilhas. Olhe, a propósito, gostava de ir amanhã dar umas tacadas de golfe? Sempre podíamos ir conversando mais.

José Sousa – Boa ideia. Por acaso até gosto de jogar golfe e a minha mulher também.

John Smith – Então, está combinado. Vamos os quatro. E à tarde vamos ver as baleias. A minha mulher é bióloga marinha.

Agora leia...

I - Compreensão oral

A. Ouça as perguntas sobre o texto e responda por escrito.

34
1. ______________________
2. ______________________
3. ______________________
4. ______________________
5. ______________________

B. Ouça o texto que se segue e complete os espaços.

35

Aceita Tomar um Chá...?

No hotel, em Ponta Delgada...

– Boa tarde, Sr. Smith. Como está?

– Estamos bem, obrigado. Eu e a minha mulher temos dado vários ______________. Ontem apanhámos o avião e fomos visitar a Terceira. Gostámos muito. Parece um jardim cheio de flores.

– Ah! Viram as ______________ em flor, não foi?

– Precisamente. Têm umas cores maravilhosas, nunca tínhamos visto nada assim!

– Devem estar cansados... Aceitam tomar um chá?

– Sim, boa ideia. Vocês aqui nos Açores também têm o ______________ do chá como na Inglaterra?

– Talvez os senhores não saibam, mas o nosso chá é um dos mais famosos...

– Sim?

– A ______________ do chá aqui em São Miguel é muito importante. A produção começou por volta de 1874 e, durante muitos anos, foi a única produção existente na Europa. Há, ainda hoje, uma fábrica muito conhecida e que tem ______________ o processo de fabrico.

– Como ingleses, gostávamos de ir visitá-la. Pode ______________-nos onde é?

– Com certeza. Mas primeiro vou servir-lhes uma chávena de chá. Preferem preto ou verde?

– Margareth, qual é que preferes experimentar?

– Eu prefiro uma chávena de chá verde…

– Olhe... e, para mim, uma de chá preto.

– Trago já. Vão apreciá-lo. Tenho a certeza. E ______________ para vos trazer umas queijadinhas aqui da ilha para acompanharem. Sem terem provado o nosso chá e iguarias, não se podem ir embora!

II - Oralidade

1. Qual é a bebida mais famosa do seu país?

2. Descreva o seu país não só quanto à situação geográfica, mas também às principais atividades económicas: comerciais e industriais.

III - Vocabulário

A. Das palavras apresentadas, qual não pertence à ordem lógica?

1.	chá	café	sumo	biscoito
2.	ilhéu	ilhota	Ilda	ilha
3.	fantástico	maravilhoso	desiludido	excelente
4.	beba	coma	experimente	bebida
5.	virão	verão	inverno	outono

B. Ouça as frases e escolha o verbo apropriado.

36

tirar	***passar***	***meter***	***apurar***	***enfrentar***

1. ______________________________

2. ______________________________

3. ______________________________

4. ______________________________

5. ______________________________

C. Junte o sufixo da coluna A à palavra da coluna B e faça uma nova palavra.

A		*Nova palavra*
-ada	papel	*1.* ____________
-al	lei	*2.* ____________
-ença	diferente	*3.* ____________
-ância	distante	*4.* ____________
-ção	educar	*5.* ____________
-aria	pastel	*6.* ____________
-dade	infeliz	*7.* ____________
-agem	parar	*8.* ____________
-ismo	capital	*9.* ____________
-ista	dente	*10.* ____________

IV - Gramática

A. Transforme as frases conjuntivas no Infinitivo Pessoal Composto e comece como indicado.

1. Ainda que eles tenham visitado muitos lugares por todo o mundo, nunca encontraram um tão bonito como este.

   Apesar de ______________________________,
   nunca encontraram um tão bonito como este.

2. É provável que eles já tenham terminado a partida de golfe.

   É provável eles já ______________________________.

3. Ela saiu do hotel sem que tenha tomado o pequeno-almoço.

   Ela saiu do hotel **sem** ______________________________.

4. Lamento que tu não tenhas ido ver as baleias. É um espetáculo muito bonito.

Lamento ______________________________________. É um espetáculo muito bonito.

5. Bastava que vocês me tivessem telefonado e eu ter-vos-ia ido buscar ao aeroporto.

Bastava ______________________________________ e eu ter-vos-ia ido buscar ao aeroporto.

6. Foi pena que ela não tivesse provado o arroz de lapas na Ribeira Grande, porque é um prato delicioso.

Foi pena ______________________________________ o arroz de lapas na Ribeira Grande, porque é um prato delicioso.

7. Caso ainda não tenhas bebido o nosso chá, aproveita esta oportunidade e experimenta-o.

No caso de ______________________________________, aproveita esta oportunidade e experimenta-o.

8. Receio bem que vocês não tenham encontrado a família Sousa aqui na ilha.

Receio bem ______________________________________ a família Sousa aqui na ilha.

9. Embora ele tenha saído muito cedo do Faial, ainda não chegou.

Apesar de ______________________________________, ainda não chegou.

10. Ainda que tenhas comido muito, tens de provar isto.

Apesar de ______________________________________, tens de provar isto.

B. Substitua a parte destacada pelo pronome adequado.

1. Se eu tivesse tido férias, teria visitado **o arquipélago**.
   Se eu tivesse tido férias, ______________________________.

2. Tens visto **os teus colegas da antiga empresa onde trabalhaste**?
   ______________________________?

3. Qualquer estrangeiro poderia visitar **o Palácio do Presidente**.
   Qualquer estrangeiro ______________________________.

4. Ela disse que acabou de entregar **o passaporte** para ser renovado.
   Ela disse que acabou de ______________________________
   para ser renovado.

5. Embora eles tenham comprado **uma boa casa junto ao mar**, nunca lá passam as férias.
   Embora eles ______________________________ nunca lá passam as férias.

C. Escolha a preposição mais adequada (faça a contração quando necessário).

contra ***por*** ***de*** ***sobre***

a ***em*** ***para*** ***com***

1. Ele acomoda-se facilmente ________ as situações. É pouco ambicioso.
2. Este é um assunto que diverge ________ o tema principal da discussão.
3. O diretor elogiou todos os empregados ________ o desempenho durante o ano que terminou.
4. Os turistas insistiram ________ a mudança de voo, devido ás condições climatéricas.

5. A Sofia é muito sensível. Ela emociona-se ______ facilidade ______ tudo e ______ nada.

6. Ela insurgiu-se ______ o novo horário que lhe foi atribuído.

7. Vê se pensas ______ o assunto para depois tomarmos uma decisão.

8. Esta revista é de muito má qualidade. Não presta ______ nada!

9. O réu vai recorrer ______ a sentença dentro de uma semana.

10. Deixa de sonhar ______ grandezas. Vive com o que tens!

V - Alguns sons mais difíceis

37 **Ouça o texto e complete.**

A Ilha da Terceira

Esta ilha vive um permanente festi__al de cor e tradi__ões seculares de maio a setembro. São as famosas e bem co__ecidas Festas do Espírito Santo com a cerimónia da coroa__ão do Imperador em todas as povoa__ões. Nesta altura, os açorianos comem e bebem as suas especialidades e há grandes corte__os.

Para os açorianos da Terceira, "festa" significa boa comida e, por isso, é famosa pela cozinha tradicional como a carne de al__atra e especiarias e o polvo. Há uma grande variedade de doces, sendo todos eles muito bons. As refeições são regadas com o vinho de Biscoitos, que é uma região no norte da Ilha Terceira.

I - Compreensão oral

3/39 **Ouça o texto e responda às perguntas, escolhendo a resposta mais adequada.**

1. a) 41, 66 quilómetros quadrados
   b) 40, 66 quilómetros quadrados
   c) 41, 16 quilómetros quadrados

2. a) 1 000 000
   b) 1 200 000
   c) 200 000

3. a) Portugal
   b) Portucale
   c) Portus

4. a) Siza Almeida
   b) António Vieira
   c) Siza Vieira

II - Vocabulário

Assinale a resposta correta.

1. É bom que façam uma ________________ aproximada do trabalho que vão ter de apresentar.
   a) descrição
   b) discrição
   c) inscrição

2. Quando lhe trouxeram a conta, depois de ter comido naquele restaurante de luxo, ele ________________
   a) ficou azul
   b) ficou branco como a cal
   c) ficou da cor do ouro

3. Ele faz tudo o que lhe mandam fazer. É um verdadeiro ________________.
   a) andar ao Deus dará
   b) Deus dará
   c) pau para toda a obra

4. Bom dia. Queria ________________ uma consulta para o oftalmologista, o Dr. Santos.
   a) fazer
   b) reservar
   c) marcar

5. Será que tem havido muita ____________ de Portugal para a Venezuela nos últimos anos?

a) migração

b) emigração

c) imigração

III - Gramática

Assinale a resposta correta.

1. Vou-me embora antes que ____________ a chover mais.

a) começar

b) começa

c) comece

2. Que pena! Se vocês ____________ cá a casa ontem, teriam encontrado o Pedro e a Maria.

a) tivessem visto

b) tivessem vindo

c) tivessem ido

3. Espero que a tua irmã já ____________ a casa. Está um temporal horrível e ela nem levou o chapéu de chuva.

a) ter chegado

b) tivesse chegado

c) tenha chegado

4. Sem ____________ o livro, não podes fazer comentários grosseiros como esse.

a) teres lido

b) tenhas lido

c) tivesses lido

5. ____________ a casa tão cansada, fui-me logo deitar.

a) Tendo chegado

b) Chegando

c) Tenha chegado

I - Compreensão oral

Ouça o texto e responda às perguntas, escolhendo a resposta mais adequada.

/41

1. Quando nasceu Fernando Pessoa?

   a) Nasceu em 1888.

   b) Nasceu em 1880.

   c) Nasceu em 1788.

2. Com que idade morreu?

   a) Morreu com 40 anos.

   b) Morreu com 47 anos.

   c) Morreu com 37 anos.

3. A sua formação académica foi feita na língua...

   a) inglesa.

   b) portuguesa.

   c) francesa.

4. Fernando Pessoa tinha um carácter...

   a) extrovertido.

   b) alegre.

   c) nostálgico.

5. Qual destes nomes não era um dos seus heterónimos?

   a) Alberto Caeiro.

   b) Bernardo Soares.

   c) Alfredo da Silva.

II - Vocabulário

A. Complete com a palavra mais apropriada.

heterónimos	*ajudá-lo*	*aconselhar*	*marcou*
obra	*diversificada*	*intelectual*	

- ■ Boa tarde.
- ● Boa tarde. Posso ________________ ?
- ■ Sim, por favor. Tenho ouvido falar de Fernando Pessoa mas não conheço a sua ________________ . Será que me pode ________________ algum dos seus livros?
- ● Claro que sim. Mas… tem preferência por algum dos seus ________________ ?
- ■ Não, não tenho. Mas gostaria que me desse a conhecer alguns.
- ● Pois aqui tem: "o Guardador de Rebanhos", escrito com o heterónimo Alberto Caeiro. Este aqui foi escrito com o seu próprio nome: "Mensagem"…
- ■ Mas a obra dele é muito ________________, não é?
- ● Sim, sem dúvida. Era um homem com um alto nível ________________ e que não tinha limites para a sua vocação.
- ■ De facto, ele ________________ a literatura portuguesa logo no início do século XX, não foi?
- ● Como é que o senhor, que não é português, tanto quanto já compreendi, teve conhecimento deste nosso poeta?
- ■ Foi na Universidade onde estudo Língua e Cultura Portuguesa, em Newcastle.
- ● Ah… na Inglaterra! É fantástico que se interesse pela nossa cultura. Isso, para nós, é motivo de orgulho.
- ■ Obrigado.

B. Complete com o provérbio ou expressão idiomática mais apropriada.

farto até aos cabelos | *dá com a língua nos dentes* | *ficar em águas de bacalhau*

couro e cabelo | *de pé atrás*

quem não arrisca, não petisca | *o coração ao pé da boca*

1. Quem não tentar fazer isso, pode não ter uma outra oportunidade:

   ______________________________ .

2. Estou cansado de ouvir sempre a mesma música.

   Estou ______________________________ !

3. O negócio que eles tinham combinado fazer, não foi avante.

   ______________________________ .

4. Pediram-me ______________________________ pela renda daquele apartamento. Desisti logo.

5. Ele diz tudo o que pensa, parece que tem ______________________________ .

6. Quando ele me disse que não se importava de trabalhar sem receber dinheiro, fiquei logo ______________________________ .

7. Ela não sabe guardar nenhum segredo.

   ______________________________ com muita facilidade.

III - Gramática

A. Escolha a forma correta do verbo.

1. Caso ____________ o João, diga-lhe para me mandar os livros que lhe emprestei.
   a) encontre
   b) encontrasse
   c) encontrar

2. Quem quer que ____________ , era sempre bem recebido.
   a) venha
   b) vier
   c) viesse

3. Enquanto vocês ______________ aqui, eu trato de tudo para que possam estudar.
   a) estão
   b) estiverem
   c) estiveram

4. Eu ter-te-ia dito isso, se me ______________ .
   a) tiveres perguntado
   b) tivesses perguntado
   c) teres perguntado

5. Depois de vocês ______________ o trabalho, podem sair.
   a) tenham acabado
   b) terem acabado
   c) tivessem acabado

B. Escolha a preposição correta.

1. Eles gostam mais _________ estudar línguas do que matemática.
   a) de
   b) da
   c) do

2. Vou telefonar _________ meu amigo Lucas.
   a) com
   b) ao
   c) para

3. Ela olha _________ crianças durante todo o dia.
   a) por
   b) pelos
   c) pelas

4. Este comboio vai _________ Faro.
   a) para
   b) pelo
   c) a

5. Hoje vou _________ metro para o trabalho.
   a) no
   b) de
   c) em

Unidade 1

1 - Como se forma o Presente do Conjuntivo?

Verbos Regulares

Forma-se a partir da 1.ª pessoa do singular do Presente do Indicativo. Elimina-se a terminação **"-o"** e acrescenta-se:

	-ar	***-er***	***-ir***
	Falar	**Comer**	**Abrir**
eu	-e	-a	-a
tu	-es	-as	-as
ele / ela / você	-e	-a	-a
nós	-emos	-amos	-amos
eles / elas / vocês	-em	-am	-am

Verbos Irregulares

	Estar	**Ser**	**Ir**	**Dar**
eu	esteja	seja	vá	dê
tu	estejas	sejas	vás	dês
ele / ela / você	esteja	seja	vá	dê
nós	estejamos	sejamos	vamos	demos
eles / elas / vocês	estejam	sejam	vão	deem

	Saber	**Querer**	**Haver**
eu	saiba	queira	
tu	saibas	queiras	
ele / ela / você	saiba	queira	haja
nós	saibamos	queiramos	
eles / elas / vocês	saibam	queiram	

II - Como se usa?

1. Usa-se depois de: **Talvez, Oxalá, Deus queira que** e **Tomara que.**

- **Talvez** eles ***estejam*** cansados.
- **Oxalá** ele ***acabe*** o trabalho a tempo.
- **Deus queira que *passes*** no exame.
- **Tomara que** me ***aceitem*** no jornal.

2. Usa-se depois das expressões impessoais: **É preciso que..., É bom que..., É importante que..., É possível que..., É provável que...,** etc.

- **É preciso que *vejam*** os e-mails todos os dias.
- **É bom que *tenham*** tudo preparado a tempo.
- **É importante que *entregues*** os artigos até às 20:00h.
- **É possível que** ele não ***saiba*** o que se passou.
- **É possível que** a Helena não ***venha*** trabalhar hoje.

3. Usa-se depois de verbos de opinião quando estão na negativa: **não julgar que..., não pensar que..., não achar que..., não crer que...,** etc.

- **Não julgo que** eles ***consigam*** fazer a reportagem durante este fim de semana.
- **Não penso que *tenhas*** razão.
- **Não acho que** esse ***seja*** o melhor tema para discutir.
- **Não cremos que** vocês ***possam*** falar diretamente com a Direção.

4. Usa-se depois de locuções conjuncionais: **para que..., a fim de que..., antes que...., sem que..., a menos que..., a não ser que..., ainda que..., mesmo que..., nem que..., até que..., desde que..., se bem que..., caso..., embora...,** etc.

- **Para que *faças*** um bom trabalho, tens de te esforçar bastante.
- Vou ao gabinete **antes que** eles ***cheguem***.
- **Embora *estejamos*** cansados, temos de nos reunir ainda esta tarde.
- **Caso *encontres*** o Raul, diz-lhe para ir à reunião.

5. Usa-se depois de verbos que exprimam desejo, emoção, sentimento, dúvida, proibição, etc: **aprovar que..., reprovar que..., lamentar que..., ter pena que..., negar que..., permitir que..., mandar que..., duvidar que..., preferir que..., pedir que..., querer que..., agradecer que..., sentir que..., proibir que...** etc.

- **Lamento que** eles ***escrevam*** tão mal.
- **Quero que** vocês ***cheguem*** sempre a horas.
- Ele **pede** sempre **que** os empregados ***cumpram*** as ordens voluntariamente.
- **Preferimos que** vocês ***façam*** isso ainda dentro do horário de trabalho.

6. Usa-se em **frases relativas** com um **antecedente indeterminado**.

- Nós vamos *a um lugar* **que tenha** interesse para o nosso jornal.
- Eles querem ir *a uma vila* **onde *haja*** vestígios da época romana em Portugal.

7. Usa-se depois de: **Haver quem...**

- **Há quem *estude*** bastante sobre esses temas antropológicos.

8. Usa-se depois de: **quem quer que..., onde quer que..., o que quer que..., quando quer que...,** etc.

- **Quem quer que *faça*** esta reportagem, deve assiná-la no fim.
- **Onde quer que** eles ***vão***, encontram sempre amigos de outros jornais.
- **O que quer que** tu ***digas***, eu não acredito em ti.
- **Quando quer que** eles ***cheguem***, avisem-me logo.

9. Usa-se depois de: **por mais que..., por muito que..., por pouco que..., por pior que...,** etc.

- **Por mais que *digam***, eu não tenciono mudar as regras.
- **Por muito que *leiam***, não têm ideias interessantes sobre o assunto.
- **Por pouco que** se ***esforce***, consegue sempre obter o que quer.
- **Por pior que *seja*** a escrita dele, eu consigo compreendê-la.

10. Usa-se depois de: **quer... quer...**

- **Quer *vás*** com eles, **quer** não ***vás***, presta atenção ao que te explicarem sobre o tema.

Unidade 2

Conjugação Pronominal

Futuro Imperfeito do Indicativo e Condicional Presente

Futuro Imperfeito do Indicativo

	Comprar	
	Complemento Direto	**Complemento Indireto**
	Exemplo: Eu comprarei **o livro**.	*Exemplo*: Eu comprarei o livro para **o Rui**.
eu	**comprá-lo-ei**	**comprar-lhe-ei**
tu	**comprá-lo-ás**	**comprar-lhe-ás**
ele / ela / você	**comprá-lo-á**	**comprar-lhe-á**
nós	**comprá-lo-emos**	**comprar-lhe-emos**
eles / elas / vocês	**comprá-lo-ão**	**comprar-lhe-ão**

	Vender	
	Complemento Direto	**Complemento Indireto**
	Exemplo: Eu venderei **o carro**.	*Exemplo*: Eu venderei o carro **ao Luís**.
eu	**vendê-lo-ei**	**vender-lhe-ei**
tu	**vendê-lo-ás**	**vender-lhe-ás**
ele / ela / você	**vendê-lo-á**	**vender-lhe-á**
nós	**vendê-lo-emos**	**vender-lhe-emos**
eles / elas / vocês	**vendê-lo-ão**	**vender-lhe-ão**

	Abrir	
	Complemento Direto	**Complemento Indireto**
	Exemplo: Eu abrirei **a caixa**.	*Exemplo*: Eu abrirei a caixa para **as crianças**.
eu	**abri-la-ei**	**abrir-lhes-ei**
tu	**abri-la-ás**	**abrir-lhes-ás**
ele / ela / você	**abri-la-á**	**abrir-lhes-á**
nós	**abri-la-emos**	**abrir-lhes-emos**
eles / elas / vocês	**abri-la-ão**	**abrir-lhes-ão**

Condicional Presente

	Comprar	
	Complemento Direto	**Complemento Indireto**
	Exemplo: Eu compraria **o livro**.	*Exemplo*: Eu compraria o livro para **o Rui**.
eu	**comprá-lo-ia**	**comprar-lhe-ia**
tu	**comprá-lo-ias**	**comprar-lhe-ias**
ele / ela / você	**comprá-lo-ia**	**comprar-lhe-ia**
nós	**comprá-lo-íamos**	**comprar-lhe-íamos**
eles / elas / vocês	**comprá-lo-iam**	**comprar-lhe-iam**

	Vender	
	Complemento Direto	**Complemento Indireto**
	Exemplo: Eu venderia **o carro**.	*Exemplo*: Eu venderia o carro **ao Luís**.
eu	**vendê-lo-ia**	**vender-lhe-ia**
tu	**vendê-lo-ias**	**vender-lhe-ias**
ele / ela / você	**vendê-lo-ia**	**vender-lhe-ia**
nós	**vendê-lo-íamos**	**vender-lhe-íamos**
eles / elas / vocês	**vendê-lo-iam**	**vender-lhe-iam**

	Abrir	
	Complemento Direto	**Complemento Indireto**
	Exemplo: Eu abriria **a caixa**.	*Exemplo*: Eu abriria a caixa para **as crianças**.
eu	**abri-la-ia**	**abrir-lhes-ia**
tu	**abri-la-ias**	**abrir-lhes-ias**
ele / ela / você	**abri-la-ia**	**abrir-lhes-ia**
nós	**abri-la-íamos**	**abrir-lhes-íamos**
eles / elas / vocês	**abri-la-iam**	**abrir-lhes-iam**

✓**NOTAS:**

Verbos: Fazer - Dizer - Trazer

Exemplos:

Futuro Imperfeito do Indicativo	**Condicional Presente**
1. Eu farei **o exercício** ➲ Eu **fá-lo-ei**.	1. Eu faria **o exercício** ➲ Eu **fá-lo-ia**.
2. Eu farei o relatório para **o diretor**. ➲ Eu **far-lhe-ei** o relatório.	2. Eu faria o relatório para **o diretor**. ➲ Eu **far-lhe-ia** o relatório.
3. Eu direi **a verdade**. ➲ Eu **di-la-ei.**	3. Eu diria **a verdade**. ➲ Eu **di-la-ia**.
4. Eu trarei **os livros**. ➲ Eu **trá-los-ei**.	4. Eu traria **os livros**. ➲ Eu **trá-los-ia**.

Unidade 3

I - Como se forma o Imperfeito do Conjuntivo?

Forma-se a partir da 3.ª pessoa do plural do Pretérito Perfeito Simples. Elimina-se a terminação ***"-ram"*** e acrescenta-se:

eu	**-sse**
tu	**-sses**
ele / ela / você	**-sse**
nós	**-ssemos**
eles / elas / vocês	**-ssem**

	Pretérito Perfeito Simples	**Imperfeito do Conjuntivo**
Infinitivo	*3.ª pessoa do plural*	*1.ª pessoa do singular*
Falar	fala***ram***	**falasse**
Comer	come***ram***	**comesse**
Abrir	abri***ram***	**abrisse**
Ser	fo***ram***	**fosse**
Ir	fo***ram***	**fosse**

II - Como se usa?

1. Usa-se em todos os casos do Presente do Conjuntivo quando nos referimos a **factos passados**, quando o **verbo introdutório está no passado** ou, ainda, quando nos referimos a um **facto hipotético improvável**.

- Embora ela ***gostasse*** muito de espetáculos, nunca **ia** ao teatro.
- Oxalá no próximo mês ***pudéssemos*** ter férias.
- Nós **quisemos** que ele ***estudasse*** mais.

2. Usa-se depois de **como se** e **quem me dera que**.

- Ela falou **como se *soubesse*** muito de História.
- **Quem me dera que** eles não ***viessem***.

3. Usa-se depois das seguintes conjunções e locuções conjuncionais quando queremos expressar uma ação improvável: **se, quando, como, enquanto, conforme, logo que, assim que, sempre que,** etc.

- Eu faria o exercício **conforme** me ***ensinasses***.

Unidade 4

Verbos derivados de Pôr

Expor	apresentar um tema, uma ideia
Impor	estabelecer, incutir
Propor	sugerir
Supor	imaginar, presumir
Opor-(se)	não concordar com
Dispor	utilizar, usufruir de, pôr em ordem, arrumar

Unidade 5

I - Como se forma o Futuro do Conjuntivo?

Forma-se a partir da 3.ª pessoa do plural do Pretérito Perfeito Simples. Elimina-se a terminação ***"-am"*** e acrescenta-se:

eu	**-**
tu	**-es**
ele / ela / você	**-**
nós	**-mos**
eles / elas / vocês	**-em**

	Pretérito Perfeito Simples	**Futuro do Conjuntivo**
Infinitivo	*3ª pessoa do plural*	*Conjugação*
Falar	falar***am***	(Eu) falar
Comer	comer***am***	(Tu) comer**es**
Abrir	abrir***am***	(Você, ele, ela) abrir
Ser	for***am***	(Nós) for**mos**
Ir	for***am***	(Vocês, eles, elas) for**em**

II - Como se usa?

1. Usa-se depois das seguintes **conjunções e locuções conjuncionais** quando queremos exprimir uma **situação futura incerta.**

- **Assim que acabares** o trabalho, entrega-o à secretária.
- **Se formos** ao Porto, vamos visitar a Casa da Música.
- **Enquanto estivermos** aqui, estamos muito bem.

2. Usa-se depois dos **pronomes relativos quem e onde** (quando não há um antecedente expresso).

- **Quem tiver** tempo, pode visitar as Caves do Vinho do Porto.
- **Onde forem**, eu também irei.

3. Usa-se depois do **pronome relativo que** (quando há um antecedente expresso).

- Vocês podem apanhar o comboio **que quiserem**.

Unidade 6

I - Ainda o Futuro do Conjuntivo...

O **Futuro do Conjuntivo** ainda pode ser usado com o **Presente do Conjuntivo**, quando queremos expressar uma ausência completa de condições. Para isso, usamos a repetição do mesmo verbo.

Vejamos:

Presente do Conjuntivo	Elemento de ligação	Futuro do Conjuntivo
Seja	**quem**	for
Estudem	**onde**	estudarem
Digam	**o que**	disserem
Cheguem	**quando**	chegarem
Tragam	**quantos**	(amigos) trouxerem
Vão	**por onde**	forem
Venham	**a que horas**	vierem

Quem é que está a bater à porta?

Seja quem **for**, não abro a porta. (Significa que não importa quem está a bater à porta.)

Unidade 7

1 - Discurso Direto – Discurso Indireto

Discurso Direto	Discurso Indireto
• Uso da 1.ª ou 2.ª pessoa	• Uso da 3.ª pessoa
• **Tempos e modos verbais:**	• **Tempos e modos verbais:**
Presente do Indicativo	Pretérito Imperfeito do Indicativo
Pretérito Perfeito Simples do Indicativo	Pretérito Mais-que-Perfeito Composto do Indicativo
Pretérito Imperfeito	Pretérito Imperfeito
Futuro do Indicativo	Condicional
Imperativo Presente do Conjuntivo Imperfeito do Conjuntivo Futuro do Conjuntivo	Imperfeito do Conjuntivo
• Pronomes pessoais da 1.ª ou 2.ª pessoa: eu, tu, nós, vocês, me, te, nos, vos	• Pronomes pessoais da 3.ª pessoa: ele, ela, eles, elas, lhe, lhes
• Outros pronomes (ou determinantes) da 1.ª ou 2.ª pessoa: este(s), esse(s), isto, isso, meu(s), teu(s)	• Outros pronomes (ou determinantes) da 3.ª pessoa: aquele(s), aquela(s), aquilo, seu(s), sua(s), dele(s), dela(s)
• Advérbios: aqui, aí, cá, agora, já, hoje, ontem, amanhã	• Advérbios: ali, além, lá, então, logo, naquele dia, no dia anterior, no dia seguinte

II. Plural das Palavras Compostas

	singular	plural
Quando a palavra é composta por dois substantivos, os dois elementos ficam no plural.	guarda-civil	guarda**s**-civi**s**
Quando a palavra é composta por um substantivos e um adjetivo, os dois elementos vão para o plural.	amor-perfeito	amor**es**-perfeito**s**
Quando a palavra é composta por dois adjetivos, os dois elementos vão para o plural.	verde-escuro	verde**s**-escuro**s**
Quando a palavra é composta por um verbo e um substantivo, só o segundo elemento fica no plural.	guarda-sol	guarda-s**óis**
Quando a palavra é composta por uma palavra invariável e um substantivo, só o segundo elemento vai para o plural.	ex-presidente	ex-presidente**s**
Quando a palavra é composta por um substantivo mais uma preposição e outro substantivo, só o primeiro elemento vai para o plural.	fim de semana	fi**ns** de semana

Unidade 8

Verbos derivados de Pôr

Demais	é um **advérbio** e significa: além disso
De mais	é uma **locução adverbial** de quantidade e significa: demasiado
Enfim	é um **advérbio** e significa: finalmente
Em fim	é uma **preposição** (+substantivo) e significa: no final
Porquanto	é uma **conjunção causal** e significa: visto que, porque
Por quanto	é uma **preposição** (+determinante interrogativo ou pronome) e significa: quantidade (que também poderá ser duração de tempo
quanto	é um **advérbio interrogativo** e significa: qual o motivo
quanto	é uma **preposição** que introduz orações interrogativas e significa: a razão pela qual

Unidade 9

I - Como se forma o Condicional Pretérito?

O **Condicional Pretérito** forma-se com o verbo auxiliar ***Ter*** conjugado no ***Condicional*** e o ***Particípio Passado*** do verbo principal.

	Verbo auxiliar	Verbo principal
	Ter	**Particípio Passado**
eu	teria	feito
tu	terias	pagado
ele / ela / você	teria	comprado
nós	teríamos	limpado
eles / elas / vocês	teriam	gastado

II - Como se usa?

O **Condicional Pretérito** usa-se para exprimir:

- desconhecimento sobre factos passados em frases interrogativas;
- dúvida / incerteza relativa a factos passados.

Este tempo verbal é bastante usado em linguagem jornalística quando não se tem a certeza da veracidade dos factos.

Unidade 10

I - Como se forma o Pretérito Mais-que-Perfeito Composto do Conjuntivo?

O **Pretérito Mais-que-Perfeito Composto do Conjuntivo** forma-se com o verbo auxiliar ***Ter*** conjugado no ***Imperfeito do Conjuntivo*** e o ***Particípio Passado*** do verbo principal.

	Verbo auxiliar	Verbo principal
	Ter	**Particípio Passado**
eu	tivesse	feito
tu	tivesses	comprado
ele / ela / você	tivesse	bebido
nós	tivéssemos	vendido
eles / elas / vocês	tivessem	gastado

II - Como se usa?

O **Pretérito Mais-que-Perfeito Composto do Conjuntivo** usa-se:

- quando nos referimos a ações passadas anteriores a outras também passadas;
- quando nos referimos a ações passadas que não se concretizaram;
- para exprimir um desejo de uma situação inversa numa frase exclamativa.

Unidade 12

I - Como se forma o Pretérito Perfeito Composto do Conjuntivo?

O **Pretérito Perfeito Composto do Conjuntivo** forma-se com o verbo auxiliar ***Ter*** conjugado no ***Presente do Conjuntivo*** e o ***Particípio Passado*** do verbo principal.

	Verbo auxiliar	Verbo principal
	Ter	**Particípio Passado**
eu	tenha	feito
tu	tenhas	comprado
ele / ela / você	tenha	bebido
nós	tenhamos	vendido
eles / elas / vocês	tenham	gastado

II - Como se usa?

O **Pretérito Perfeito Composto do Conjuntivo** usa-se para indicar:

- uma ação já realizada em relação ao presente;
- uma ação já realizada em relação ao futuro.

Unidade 13

I - Como se forma o Futuro Perfeito do Indicativo?

O **Futuro Perfeito do Indicativo** forma-se com o verbo auxiliar ***Ter*** conjugado no ***Futuro Imperfeito do Indicativo*** e o ***Passado*** do verbo principal.

	Verbo auxiliar	Verbo principal
	Ter	**Particípio Passado**
eu	terei	feito
tu	terás	comprado
ele / ela / você	terá	bebido
nós	teremos	vendido
eles / elas / vocês	terão	gastado

II - Como se usa?

O **Futuro Perfeito do Indicativo** usa-se para:

- nos referirmos a ações futuras anteriores a outras também futuras;
- expressar incerteza sobre factos passados;
- expressar suposição sobre factos passados em linguagem jornalística.

Unidade 14

I - Como se forma o Gerúndio Simples?

O **Gerúndio Simples** forma-se:

Verbos em:	Infinitivo		Gerúndio
-AR	falar	➲	fal**ando**
-ER	comer	➲	com**endo**
-IR	abrir	➲	abr**indo**

II - Como se usa?

O **Gerúndio Simples** é usado para indicar:

- uma causa — *Aprendendo português, podes fazer traduções.*
- tempo — *Saindo de casa cedo, ainda apanhas o autocarro das 7:30.*
- condição — *Tendo febre, toma uma aspirina.*
- modo — *Junte os ovos com o açúcar e misturando bem terá um creme delicioso.*

III - Como se forma o Gerúndio Composto?

O **Gerúndio Composto** forma-se com o verbo auxiliar ***Ter*** conjugado no ***Gerúndio Simples*** e o ***Particípio Passado*** do verbo principal.

Verbo auxiliar	Verbo principal
Ter	**Particípio Passado**
tendo	feito
	comprado
	dito
	limpado
	vendido

IV - Como se usa?

O **Gerúndio Composto** é usado para indicar:

- uma ação terminada

  Tendo terminado o curso, recebeu um diploma.

V - Como se usa a perifrástica IR + Gerúndio?

- Ir (*Presente do Indicativo*) + **Gerúndio**
  Indica um aspeto durativo de uma ação a iniciar ou a decorrer.

- Ir (*Imperfeito do Indicativo*) + **Gerúndio**
  Indica a realização gradual de uma ação passada.

- Ir (*Pretérito Perfeito Simples*) + **Gerúndio**
  Indica aspeto durativo de uma ação já passada.

Unidade 15

I - Como se forma o Futuro Perfeito Composto do Conjuntivo?

O **Futuro Perfeito Composto do Conjuntivo** forma-se com o verbo auxiliar ***Ter*** conjugado no ***Futuro do Conjuntivo*** e o ***Particípio Passado*** do verbo principal.

	Verbo auxiliar	Verbo principal
	Ter	**Particípio Passado**
eu	tiver	feito
tu	tiveres	comprado
ele / ela / você	tiver	bebido
nós	tivermos	vendido
eles / elas / vocês	tiverem	gastado

II - Como se usa?

O **Futuro Perfeito Composto do Conjuntivo** é usado para:

- Falar de uma ação futura, mas terminada em relação a outra ação também futura.
  Quando tiveres terminado esta viagem, podes começar a pensar noutra.

Unidade 16

I - Como se forma o Infinitivo Pessoal Composto?

O **Infinitivo Pessoal Composto** forma-se com o verbo auxiliar ***Ter*** conjugado no ***Infinitivo Pessoal Simples*** e o ***Particípio Passado*** do verbo principal.

	Verbo auxiliar	Verbo principal
	Ter	**Particípio Passado**
eu	ter	feito
tu	teres	comprado
ele / ela / você	ter	bebido
nós	termos	vendido
eles / elas / vocês	terem	gastado

II - Como se usa?

O **Infinitivo Pessoal Composto** é usado para indicar:

- uma ação concluída anteriormente à expressa pelo verbo da oração principal.
  Depois de teres provado a boa comida açoriana, podes voltar para Lisboa.

S o l u ç õ e s

Unidade I

I - Compreensão oral

A.

1. *Agora que o Luís voltou de Macau o que é que ele pretende encontrar?*
   Ele pretende encontrar um **emprego onde quer que seja**.
2. *Onde é que ele prefere trabalhar?*
   Ele prefere trabalhar num **jornal semanário.**
3. *Qual é o tema sobre o qual ele prefere escrever?*
   Ele prefere escrever **sobre Cultura Portuguesa**.
4. *Qual é a opinião do diretor do jornal sobre os interesses dos jovens?*
   O diretor acha que **cada vez menos os jovens se interessam por temas cultur**
5. *Como é o tipo de escrita do Luís?*
   O Luís escreve de uma maneira **fluida / fácil / clara**.
6. *Quando é que o Luís terá de entregar o artigo para ser analisado?*
   O Luís terá de entregar o artigo **dentro de uma semana / na próxima semana**.

B.

situa-se / histórico / de acordo com / esteja / possa / fascinante / vá / seja / mente / guiada

III - Vocabulário

A.

1. ano / 2. a intenção / 3. pescar / 4. conversas / 5. rosto

B.

1. *Tenho estado a trabalhar tanto que nem dou pelo tempo passar. Estou cheia de fome.*
   Ter a barriga a dar horas
2. *Nunca aceito assinar um contrato sem que tudo esteja muito bem explicado, com todos os pormenores.*
   Pôr os pontos nos ii
3. *A minha colega Matilde está sempre, sempre a falar. Nunca se cala, e nós temos dificuldade em nos concentrarmos.*
   Falar pelos cotovelos
4. *Não me parece que o Saraiva seja de confiança. Ora diz uma coisa, ora diz outra, e gosta de complicar o trabalho dos outros.*
   Não pôr as mãos no fogo.
5. *Não vou já aceitar esta oferta de trabalho sem que tenha uma resposta da outra empresa, a qual me parece oferecer melhores condições de trabalho.*
   Correr o risco

C.

Verbo	Adjetivo
licenciar	licenciado
estagiar	**estagiário**
entrevistar	**entrevistador**
analisar	analisado
experimentar	experimental

IV - Gramática

A.

1. Caso **tenhas** tempo, acaba este artigo ainda hoje.
2. Embora **seja** muito tarde, ainda vou reescrever este texto que tem de ser publicado amanhã.
3. Talvez **estejas** cansado!
4. É importante que as pessoas **discutam** os assuntos para que **possam** ter uma ideia mais precisa sobre o assunto.
5. Não acho que eles **tenham** razão.

B.

termine / vá / tenha / diga / possa / tragam

C.

1. pela / com / sobre / do
2. de / por / à / para / de
3. de / a
4. em / do / em
5. à / de / sobre

V - Alguns sons mais difíceis

O Luís, o jovem jornalista que, finalmente, conseguiu um trabalho num jornal semanário de grande prestígio, já está a trabalhar há quase um ano. Tem tido boas oportunidades de escrever sobre os temas que prefere e isso tem-lhe permitido não só fazer várias pesquisas, como também viajar para outras partes do país, algumas delas até desconhecidas dos próprios portugueses. Já fez reportagens, entrevistas e comentários sobre alguns locais de grande interesse, de norte a sul do país. Em nenhum lugar teve dificuldade em contactar com as gentes locais. Bem pelo contrário: todos se mostraram muito disponíveis para colaborar com ele.

Tem sido uma boa experiência para ele e o diretor continua a admirá-lo pelo empenho posto nas matérias que tem feito. Por isso, vão dar-lhe um contrato, de modo a que entre para os quadros do jornal.

Unidade 2

I - Compreensão oral

A.

1. Quando é que teve início o Programa Erasmus?
O Programa Erasmus iniciou-se em 1987.

2. Este programa foi estabelecido entre que países?
Entre os Estados-membros da União Europeia e Estados associados.

3. Durante quanto tempo é que os estudantes podem ficar no outro país a estudar?
Podem ficar entre 3 a 12 meses.

4. O aluno pode, desde o início do curso, candidatar-se ao Programa Erasmus?
Não, não pode. Só pode candidatar-se depois de ter completado, pelo menos, o primeiro ano do curso.

5. É dada preferência aos alunos mais favorecidos economicamente em relação aos alunos com mais carências?
Não, não é. É dada preferência aos alunos que têm mais carências a nível económico e social.

B.

informações / ouviste / conheças / mais-valia / Aliás / consegues / seguro / formulário

III - Vocabulário

A.

1. d) 2. a) 3. c) 4. b) 5. e)

B.

Se me dá licença / Se não se importa / Lamento interromper, mas / desculpe, mas não corresponde à verdade / só mais uma palavrinha

C.

1. d) 2. b) 3. f) 4. c) 5. h) 6. a) 7. e) 8. g)

IV - Gramática

A.

1. contém
2. obteve
3. se abstenha
4. se entretenham
5. mantém
6. reteve
7. eram detidos

B.

1. d) 2. f) 3. a) 4. b) 5. e) 6. c)

C.

1. Eles visitá-los-ão na próxima semana.
2. Nós trá-los-emos amanhã.
3. Ela disse que preenchê-lo-ia ainda esta tarde.
4. Eu comprar-lhe-ei uma nova enciclopédia geográfica.
5. O António fá-lo-á no próximo ano.
6. Eu pedir-lhes-ei ajuda para acabar este trabalho.

V - Alguns sons mais difíceis

O José trabalha na secretaria da Universidade de Lisboa. Todos os dias ele começa a trabalhar por volta das 9 horas até ao meio-dia e meia. Normalmente, come só uma sandes e bebe um sumo, porque prefere jantar melhor, ao fim do dia, quando chega a casa. Mas antes de recomeçar o trabalho, ele e os colegas vão até à cantina para tomarem um café. Embora o café não seja muito bom, é baratíssimo.

Depois, volta para a secretaria e continua a trabalhar: analisa os processos dos alunos e preenche fichas de presenças. Todos os dias o mesmo. Ele espera mudar de trabalho ainda este ano. Tem esperança nisso.

Para se distrair um pouco, inscreveu-se num curso de antropologia que frequenta à noite, depois de sair dali. É um jovem com muita capacidade e que vai longe…

Unidade 3

I - Compreensão oral

A.

1. Os avós paternos eram portugueses de Aveiro. **Falso**
2. O Robert tem alguns primos mais ou menos da idade dele. **Verdadeiro**
3. O Hélder sabe muito sobre História. **Verdadeiro**
4. A Torre de Belém foi construída no século XIX. **Falso**
5. O Robert esqueceu-se da máquina fotográfica e não pôde tirar fotos. **Falso**

B.

primo / algo / construção / residencial / terramoto / traseira / função / sede / documentário / peças

III - Vocabulário

A.

1. b) 2. e) 3. a) 4. c) 5. d)

B.

1. antepassados ≠ **descendentes**
2. materno ≠ **paterno**
3. subir ≠ **descer**
4. terminar ≠ **começar; iniciar**
5. cheio ≠ **vazio**
6. construir ≠ **destruir**
7. aumentar ≠ **diminuir; reduzir**

C.

1. cabelos
2. cabeça
3. braços
4. braço
5. olho
6. nariz
7. cara

IV - Gramática

A.

1. O João queria que tu fosses lá a casa ainda esta noite.
2. Ele dizia que não voltava sem que visitasse toda a cidade.
3. Era melhor que o Gonçalo revisse este trabalho.
4. Eu agradecia que me dissesses toda a verdade.
5. Duvidávamos que eles fossem capazes de fazer este exercício.
6. O rececionista ficava na receção até que fossem horas de sair.
7. Os meus amigos desejavam que tudo corresse bem na ausência deles.

B.

1. Se eu tivesse tempo livre, cuidava dos idosos sem família.
2. Se eu tivesse muitos livros, dava-os às escolas para as crianças estudarem.
3. Se os vizinhos fossem barulhentos à noite, eu chamava a polícia.
4. Se eu tivesse uma casa grande, convidava os amigos para uma festa.
5. Se eu fosse a Belém, ia comer Pastéis de Belém.

C.

1. de
2. com
3. de
4. de
5. com
6. de

V - Alguns sons mais difíceis

A Reserva Natural do Estuário do Tejo foi criada em 1976 e está situada perto de Alcochete. Ocupa uma superfície de14 560 hectares e abrange uma extensa área das águas do estuário.

É uma das reservas naturais mais importantes da Europa: tem uma extensa zona húmida com grande biodiversidade e *habitats* variados.

O estuário do Tejo funciona como local para criação de peixes (por exemplo: linguados e robalos).

Está integrada numa paisagem paradisíaca e única. Vale a pena uma visita.

Unidade 4

I - Compreensão oral

A.

1. Para onde é que a família Pereira quer ir passar umas férias?
A família Pereira quer ir para o Buçaco e para a Peneda-Gerês.

2. Quantos dias é que vão ficar nestes dois lugares?
Vão ficar nestes lugares durante doze dias.

3. Qual é o requisito necessário para que beneficiem do desconto no hotel?
É necessário que tenham, no mínimo, 65 anos.

4. Em que época do ano é que a família Pereira vai fazer esta viagem?
Na primavera.

5. Para além de gostarem de viajar, que outras atividades é que eles apreciam?
Ir ao cinema e ao teatro.

B.

altitude / mata / prestígio / semelhante / variedade / fonte / devido / magia

III - Vocabulário

A.

1. e) 3. b) 5. d)
2. c) 4. a)

B.

e que tal se fôssemos / ocupada / oportunidade / quando é que te dá jeito / convinha-me

C.

a organização / a prática / o alojamento / o usufruto / o tratamento / o acolhimento / a reserva

IV - Gramática

A.

pense / esqueci / tenho tido / temos trabalhado / tens passado / estivemos / deem / ia / encontrei / estivemos / tente / tomarmos / mandasses / tenho / telefone / venhas / diz / tenho (terei) / vamos / abriram / telefona / seja

B.

1. expuseram
2. opusesse
3. proponhas
4. dispusesse
5. Supõe
6. imponham

C.

1. d)
2. a)
3. c)
4. b)
5. e)

V - Alguns sons mais difíceis

O Parque Nacional da Peneda-Gerês tem uma área de mais de mil hectares de zona protegida. Este parque abrange a serra Amarela, a Serra do Gerês e a Serra da Peneda.

Tem uma paisagem magnífica, com uma grande variedade de plantas, flores e árvores. O parque tem uma característica muito interessante: tem a forma de uma lua minguante, sendo mais verde e frondoso no centro e mais seco e de vegetação escassa nos extremos.

Unidade 5

I - Compreensão oral

A.

1. O Marek veio à Expo 98. **Falso**
2. A estação do Oriente foi construída por um arquiteto português muito famoso. **Falso**
3. Eles vão visitar o Porto. **Verdadeiro**
4. Só os idosos têm desconto nas viagens de comboio. **Falso**
5. Eles vão chegar ao Porto por volta da hora do almoço. **Verdadeiro**

B.

conhecida / habitantes / produzido / arredores / margem / estrangeiro / museus / engloba / concertos / típicos

III - Vocabulário

A.

1. espetáculo musical / sessão musical
2. arranjo / reparação
3. sinal para marcar a pronúncia de uma palavra
4. lugar onde nos sentamos
5. perguntar ou ajustar o preço
6. dar pressa / acelerar

B.

1. Assim que ele viu o elefante a fugir do circo, desatou a correr.
   Fugir a sete pés
2. Quando percebeu que não tinha razão nenhuma para continuar com a discussão, calou-se.
   Meter a viola no saco
3. Eles investiram bastante naquele negócio, mas acabou sem sucesso, sem lucro.
   Dar em águas de bacalhau
4. Ele tentou convencer a rapariga a sair com ele naquela noite, mas ela recusou.
   Levar uma tampa
5. Comprei um quadro de um pintor muito famoso. Foi caríssimo.
   Custar couro e cabelo

C.

Verbo	Substantivo	Adjetivo
viajar	a viagem	**viajante, viajado**
atrasar	**o atraso**	atrasado
demorar	**a demora**	**demorado**
beneficiar	o benefício	**benéfico**
divertir(-se)	o divertimento	**divertido**

IV - Gramática

A.

1. Se fores ao Porto no próximo fim de semana, visita as Caves do Vinho do Porto.
2. Enquanto ela não souber o que aconteceu, não lhe digas nada.
3. Quem tiver muito talento para a música, poderá estudar no Conservatório do Porto.
4. Logo que chegares a casa, telefona-me.
5. Aqueles que vierem à festa, serão bem recebidos.

B.

1. começar
2. chegarem
3. provarem
4. vierem
5. aconselhares
6. ouvires
7. considerar
8. trouxerem
9. quiseres
10. aconselharmos

C.

1. para 2. por 3. para 4. por 5. pelo 6. por 7. para 8. pelo

V - Alguns sons mais difíceis

O Porto é uma cidade com uma gastronomia muito variada, mas muito pesada. O prato mais tradicional é as Tripas à Moda do Porto. É um prato histórico que tem as suas origens na época dos Descobrimentos Portugueses. Pode-se comer este prato tradicional em muitos dos restaurantes desta cidade.

Para além deste prato, também as Francesinhas são muito famosas. São feitas com pão, tipo uma sandes recheada com várias carnes e coberta com queijo e um molho muito especial.

Também se come bacalhau no Porto e uma das maneiras mais famosa é o Bacalhau à Gomes de Sá.

Unidade 6

I - Compreensão oral

A.

1. Há quanto tempo é que a Marianne está a viver em Portugal?
A Marianne está a viver em Portugal há quase dois anos.

2. Onde é que ela trabalha?
Ela trabalha numa companhia de seguros.

3. Que desportos é que ela costumava praticar?
Ela costumava andar de bicicleta, fazer natação e aeróbica.

4. Qual é o preço da joia neste ginásio?
O preço é de 120€.

5. O que é que ela precisa de fazer para se inscrever?
Basta preencher um formulário.

B.

saudável / manifestado / acentuada / elevador / sedentária / consciência / combate / adequado / marcha / moderada / atingir

III - Vocabulário

A.

1. e)
2. c)
3. b)
4. a)
5. d)

B.

exagero / Se calhar / Achas que sim / Para dizer a verdade, não sei se será / Vou pensar nisso

C.

1. e)
2. b)
3. f)
4. c)
5. d)
6. a)
7. g)

IV - Gramática

A.

1. Esteja / estiver
2. Vás / fores
3. Compres / comprares
4. Venham / vierem
5. Partam / partirem
6. Perguntes / perguntares

B.

1. tiverem
2. chegarem
3. visitarão
4. estiverem
5. chegarmos
6. começarmos

C.

1. de certo
2. por tanto
3. Se não
4. decerto
5. Contudo
6. senão
7. Com tudo
8. Portanto

V - Alguns sons mais difíceis

As inscrições para a prática de andebol começam na próxima segunda-feira. É necessário dirigirem-se à secretaria do Pavilhão Desportivo. O horário é o seguinte: das nove e trinta até ao meio-dia e meia e depois das catorze até às vinte horas (durante os dias úteis).

Contudo, deverá contactar um dos delegados da modalidade, normalmente durante o horário dos treinos, para que possa conhecer mais pormenores.

Para que possa praticar esta modalidade tem de ser sócio do Clube. Traga o Bilhete de Identidade. O preço é de 30€ por época para os atletas que não sejam federados.

A inscrição como atleta federado exige uma foto atualizada.

Unidade 7

I - Compreensão oral

A.

1. O Fado só é conhecido em Portugal.	**Falso**
2. A Kathrin e o Vitaly interessam-se por saber as origens do Fado.	**Verdadeiro**
3. O Fado só é cantado por homens.	**Falso**
4. Não há nenhuma explicação para a origem do Fado.	**Falso**
5. *Lundum* era um ritmo de origem africana.	**Verdadeiro**

B.

janta / típica / recatadas / lançar / solene / nostálgico / xaile / silêncio / alma / perturbar

III - Vocabulário

A.

1. péssimo
2. mal
3. desagradável
4. rápido
5. barato (económico)

B.

1. Desde que o filho começou a ir sozinho para a escola, a mãe anda sempre muito preocupada.	**Anda com o credo na boca.**
2. Este doce é delicioso.	**É de trás da orelha.**
3. Hoje, o Paulo está muito bem disposto.	**Está com boa cara.**
4. Gosto muito da Maria porque é muito sensível, emotiva e diz tudo o que pensa.	**Tem o coração ao pé da boca.**
5. O Luís tem inveja dos amigos, que têm sempre muitas namoradas.	**Tem dor de cotovelo.**

C.

1. c) 2. b) 3. e) 4. h) 5. a) 6. d) 7. f) 8. g)

IV - Gramática

A.

O Manuel disse olá à Kathrin e perguntou-lhe como estava. Ela respondeu que estava bem e disse-lhe que lhe queria apresentar o amigo dela, o Vitaly.

O Manuel respondeu "muito prazer" e disse que era o Manuel e já conhecia a Kathrin desde que ela tinha chegado a Portugal.

O Vitaly respondeu que, então, eram todos amigos. O Manuel concordou e, embora o tempo não estivesse muito agradável, perguntou se eles queriam ir dar um passeio até ao rio.
A Kathrin desejou que não chovesse, apesar de o céu estar tão nublado.
O Manuel concordou com ela e disse que, enquanto não chovesse, iam aproveitar para passear.
O Manuel chamou a atenção do Vitaly e perguntou-lhe se ele estava a ouvir aquela música.
O Vitaly disse que sim e o Manuel informou-o que aquela música era típica aqui em Portugal.
O Vitaly perguntou como se chamava o Manuel disse-lhe que se chamava Fado e que pensava que o amigo ainda não tinha ouvido.
O amigo concordou e disse que era a primeira vez e pediu que o deixassem ouvir.

B.

existe / está / abriu / tenha / tem / desconheçam / fosse / tem / vendem / tiver / aprender

C.

1. peixes-espadas / peixes-espada
2. tenentes-coronéis
3. verdes-escuros / verdes-escuro
4. obras-primas
5. guarda-roupas
6. ex-presidentes
7. chapéus de sol
8. luas de mel

V - Alguns sons mais difíceis

O Fado de Coimbra é exclusivamente cantado por homens que são acompanhados por músicos que tocam guitarra clássica (chamada de "viola") e guitarra portuguesa. Quer uns, quer outros, usam o traje académico tradicional da Universidade de Coimbra, composto por um fato preto e uma capa, também preta, a batina.

O Fado de Coimbra é cantado à noite, quase às escuras, em praças e ruas da cidade. Há locais muito típicos onde se pode ouvi-lo, por exemplo, nas escadarias do Mosteiro de Santa Cruz e da Sé Velha.

Também se organizam serenatas quando os estudantes cantam junto da janela da casa da sua amada. Pelo menos, esta era a tradição no passado, agora talvez já não seja exatamente assim. Mudam-se os tempos...

Resta ainda dizer – e para marcar a diferença em relação ao Fado de Lisboa – que a afinação e a sonoridade da guitarra portuguesa são diferentes das do Fado de Lisboa, porque as cordas são afinadas um tom abaixo, fazendo com que haja uma sonoridade mais soturna em relação ao Fado de Lisboa.

Unidade 8

I - Compreensão oral

A.

1. Como se chama o Oceano que banha Portugal?

Chama-se Oceano Atlântico.

2. De onde é que os portugueses importam o bacalhau?

Importam do norte da Europa.

3. O que é que se junta à carne de porco à alentejana?

Juntam-se amêijoas.

4. Qual é o prato que os portugueses consideram como nacional?

É o Cozido à Portuguesa.

5. Que nome se dá ao prato tradicional feito com diferentes tipos de peixe?

Caldeirada.

B.

junto / ementa / ajude / ligeira / sopa / saudável / compensa / grelhado / costeleta

III - Vocabulário

A.

embora / no entanto / apropriado / humedecido / saudável / zona

B.

imenso que fosse / muito gosto, mas / terá de ficar para / estivesse presente / Faço questão que

C.

1. chuvoso
2. infantil
3. matinal / matutino
4. popular
5. corajoso
6. aquáticos
7. citadina

IV - Gramática

A.

esteja / tenha / tive / abrirmos / correu / aceitássemos / eram / começar / tinha ido / falado / assinarmos / podemos (poderemos) / abrirmos / aceite

B.

1. de
2. a
3. por / até / ao
4. à
5. a / para / ao
6. de
7. a / para

C.

1. Enfim
2. demais
3. porque
4. Por quanto
5. de mais
6. por que
7. porquanto
8. em fim

V - Alguns sons mais difíceis

Na cozinha portuguesa, os temperos são muito importantes diferindo de região para região. No sul do país usam-se muito as ervas aromáticas, tais como: coentros, rosmaninho, alecrim, basílico e outros. Por outro lado, no norte, os cozinheiros gostam mais de usar a cebola, o alho, o louro e a salsa.

Desde a época dos Descobrimentos Portugueses, no século XVI, as especiarias entraram na alimentação dos portugueses e por cá ficaram. Temos o caso da noz moscada, da pimenta, da canela, do açafrão e do cravo-da-índia. Todas estas especiarias são muito apreciadas na nossa alimentação. Algumas delas até entram nas receitas de doçaria tradicional.

Revisão I - 8

I - Compreensão oral

Portugal tornou-se num país de moda desde que entrou na União Europeia, em 1986, e depois, em 1998, com a Exposição Mundial: a Expo 98.

Uns começaram a vir para Portugal por razões profissionais; outros para aprenderem a nova língua que se começava a falar pela Europa, principalmente nos discursos da Comissão Europeia e no Parlamento Europeu. Há quem diga que, até estes dois momentos, Portugal era um país mais ligado a um passado histórico dos Descobrimentos e também às praias e lazer algarvio.

Contudo, a situação mudou. Embora a língua não seja muito fácil de aprender, tem-se vindo a registar um aumento de pessoas cada vez mais interessadas, não só na língua, como na cultura do país.

Mas quem são estas pessoas que querem aprender a língua de Camões, de Fernando Pessoa…?

É importante que se diga que a língua portuguesa é cada vez mais conhecida por estudantes de outros países; por pessoas que vêm trabalhar em empresas internacionais; por tradutores e intérpretes; por gente com interesse na nossa cultura e que desejam, deste modo, conhecer melhor o país e o povo português. Se bem que também haja muitos estrangeiros que necessitam de aprender a língua portuguesa para que possam estabelecer relações de trabalho em países lusófonos. É preciso que se diga que há um grande número de pessoas a trabalhar em ONGs e para os PALOP. Se aprenderem a comunicar, a vida tonar-se-á mais fácil para eles nesses países.

Perguntas

1. Quando é que Portugal entrou na União Europeia?

Resposta correta: *alínea b)*

2. Antes desta data, Portugal era conhecido por causa de um passado histórico. Qual?

Resposta correta: *alínea a)*

3. Quem foi Camões?

Resposta correta: *alínea c)*

4. A língua portuguesa é fácil de aprender?

Resposta correta: *alínea a)*

II - Vocabulário

1. b) 2. b) 3. b) 4. a) 5. c)

III - Gramática

1. c) 2. a) 3. a) 4. b) 5. c)

Unidade 9

I - Compreensão oral

A.

1. Esta é a segunda vez que o senhor Fox vem a Portugal.	***Falso***
2. O sr. Fox tem mais de 60 anos e está reformado.	***Falso***
3. O sr. Fox e o José foram jantar num pequeno restaurante de bairro.	***Verdadeiro***
4. O sr. Fox e o José têm amigos em comum.	***Verdadeiro***
5. O sr. Fox já conhecia o queijo da Serra e os tremoços.	***Falso***

B.

provar / origem / folheto / abundante / património / antiguidades / apaixonado / cálice / inaugurado

III - Vocabulário

A.

1.a) cumprimento / b) comprimento
2. a) ilegível / b) elegível
3. a) descrição / discrição
4. a) crer / Querer
5 a) imigrante / emigrante

B.

1. hábitos - **costumes**
2. o dia a dia - **o quotidiano**
3. degustar - **saborear; provar**
4. esplêndido - **fantástico; ótimo**
5. delicioso - **saboroso**
6. específico - **concreto; definido**
7. sítio - **lugar**

C.

1. escassear
2. saborear
3. dialogar
4. atrair
5. opinar
6. herdar
7. doer

IV - Gramática

A.

1. Quem é que teria chegado primeiro?
2. Quem é que me teria dito isso?
3. Quem é que teria comprado aquele apartamento?
4. Aonde é que o João teria ido?
5. Teria havido aulas esta manhã?

B.

teria observado / ter-se-ia despistado / teria informado / teria chegado / teriam ficado / teriam ido.

C.

1. b)
2. g)
3. d)
4. a)
5. f)
6. e)
7. c)

V - Alguns sons mais difíceis

O Bolo-Rei é um bolo tradicional português e é comido pela época do Natal. Tem uma forma redonda com um grande buraco no centro. A massa deste bolo é muito simples: é feita com farinha, fermento, açúcar e ovos. Fica uma massa branca e macia. Também se misturam frutos secos e outros cristalizados. Antes de ir ao forno, cobre-se com mais frutos cristalizados. Existe uma tradição, desde há muito tempo: dentro da massa há uma fava e a quem calhar a fatia com essa fava tem de comprar o próximo bolo. Também diz a tradição que este bolo se deve comer até ao dia 6 de janeiro, dia de Reis (dos três Reis Magos).

Unidade 10

I - Compreensão oral

A.

1. Como se chama o professor?

Chama-se Meireles.

2. De que é que o professor falou nesta aula?

Falou da origem do azulejo.

3. Qual é a origem do azulejo?

É árabe.

4. Em que século é que o azulejo entrou na Península Ibérica?

No século XIV.

5. Quando é que Portugal começou a importar azulejo hispano-árabe?

No século XV.

B.

zona / concretamente / criado / cerâmica / XV / soltos / painéis / claustro / terramoto / proporções

III - Vocabulário

A.

Verbo	Substantivo	Adjetivo
exprimir	**a expressão**	**exprimível**
utilizar	**a utilização**	útil
originar	a origem	**originado**
colorir	a cor	**colorido**
assumir	**a assunção**	**assumptível, assumptivo**
decorar	**a decoração**	decorado
prosperar	**a prosperidade**	próspero

B.

Claro / Não acha / Tem razão / Sem dúvida / torna-se / acompanhar / folheto / De nada

C.

1. branco 2. vermelha 3. negra 4. azul 5. preto
6. roxos

IV - Gramática

A.

1. tivesses ido / terias encontrado
2. teriam chegado / tivessem apanhado
3. tivesse vindo / teríamos ido
4. teria adormecido / tivesse bebido
5. tivessem deixado
6. tivessem estudado

B.

1. tivesse constipado
2. tivesse estudado
3. tivéssemos recusado
4. tivesse faltado
5. tivéssemos visitado
6. tivesses vindo

C.

1. por 2. pelo 3. à 4. pela 5. com 6. às 7. com

V - Alguns sons mais difíceis

Por todo o país existem olarias: lugares onde se fabricam peças de cerâmica. No Alentejo, por exemplo, existem várias, nas quais, quer azulejos, quer peças de decoração, ainda são feitos de modo tradicional e artesanal.

Os artesãos alentejanos acham que, com o decorrer do tempo, esta arte se vai perder, na medida em que os mais novos já não se interessam por este fabrico que é, de certo modo, duro: deste o apanhar a argila (nos rios) a todo o processo de secagem e transformação.

Em Lisboa ainda existe uma fábrica que produz faianças e azulejos de modo artesanal. Lá, todas as peças são produzidas através de processos inteiramente artesanais, desde a preparação do barro até à vidração e à pintura manual. Os processos que se usam nesta fábrica são os mesmos desde 1741 (data da fundação da fábrica).

Há quem diga que esta é já a última fábrica de faiança e azulejo a produzir no mundo através deste processo artesanal.

Unidade 11

I - Compreensão oral

A.

1. O Ramirez está de passagem por Portugal.	***Falso***
2. Ele caiu na rua e torceu um pé.	***Verdadeiro***
3. Ele foi imediatamente para o hospital.	***Falso***
4. Ele já sabia como funcionava o sistema de saúde em Portugal.	***Falso***
5. Ele conseguiu uma consulta no Centro de Saúde.	***Verdadeiro***

B.

coxear / torci / inchado / executou / entorse / refeições / suportar / repouso / baixa / abuse

III - Vocabulário

A.

marcar / consulta / completas / atrasada / Utente / guardar / queira / taxa

B.

1. e) 2. a) 3. b) 4. d) 5. c)

C.

1. língua
2. braço
3. barriga
4. ouvidos
5. cabeça
6. pé

IV - Gramática

A.

1. O Raul disse que embora o Ramirez já vivesse em Portugal há/havia cinco meses, ele nunca tinha precisado de ir ao médico.
2. O amigo informou o Ramirez que em Portugal as pessoas pagavam mensalmente uma percentagem para a Segurança Social e podiam usufruir dos serviços médicos do Sistema Nacional de Saúde e que, para isso, bastava que tivessem um médico de família no Centro de Saúde da área de residência.

3. Ele ainda o informou que competia ao médico de família encaminhar o doente para um dos hospitais centrais, sempre que o caso clínico o justificasse ou fosse necessário o doente ser observado por um especialista que não houvesse no Centro de Saúde.

4. O Ramirez ficou surpreendido quando o Raul lhe disse que as pessoas que estavam reformadas com um rendimento inferior ao salário mínimo, ou que tinham uma doença crónica, tinham alguns benefícios na área da saúde, como, por exemplo, isenção de pagamento da taxa moderadora e dos medicamentos para as doenças crónicas.

5. O Raul ainda acrescentou que em Portugal, ao contrário de outros países, não era obrigatório ter um seguro de saúde privado, pois as pessoas poderiam tê-lo a nível privado e, neste caso, era complementar do serviço proporcionado pelo Sistema Nacional de Saúde.

B. Transforme as frases de acordo com o indicado.

1. **Ainda que** o serviço público seja bom, muitas pessoas ainda preferem as clínicas privadas.
2. **Até que** sejas visto pelo médico, tens de esperar e não fazer esforço.
3. Não opto por um seguro de saúde privado **mesmo que** seja muito tentador.
4. **Se me** tivesses telefonado ontem, ter-te-ia trazido os livros.
5. Foi preciso telefonar para a secretaria do hospital, **para que** o assunto ficasse resolvido dentro do tempo adequado.

C.

1. e) 2. b) 3. d) 4. a) 5. c)

V - Alguns sons mais difíceis

O Serviço Nacional de Saúde em Portugal depende do Ministério da Saúde e tem como finalidade assegurar a todos os cidadãos o direito à proteção da saúde.

A utilização deste serviço público é gratuita. Contudo, há uma norma que sujeita os utentes ao pagamento de taxas moderadoras. Há pessoas que estão isentas deste pagamento, desde que aufiram de um baixo rendimento ou tenham um grau de incapacidade igual ou superior a 60%, e que estão abrangidas por uma legislação própria.

Em Portugal o Serviço Nacional de Saúde está organizado em dois tipos de estruturas. Um assenta nos chamados Centros de Saúde, nos quais os utentes deverão ter um médico de família a quem recorrer. Também nestes locais são feitas consultas de planeamento familiar, vigilância materna e vacinação.

Outro tipo de estrutura assenta nos hospitais, local onde se encontram todas as especialidades médicas ou cirúrgicas. O acesso a estes serviços é feito não só através dos médicos assistentes, mas também pelo próprio serviço de urgência.

Unidade 12

I - Compreensão oral

A.

1. Há quanto tempo é que a família Smith está em Portugal?
A família Smith está em Portugal há dois meses.
2. Onde é que o Sr. Smith trabalha?
Ele trabalha numa empresa na área da engenharia ambiental.
3. Eles têm filhos?
Não, não têm.
4. Onde é que a família Smith procurou anúncios de casas para arrendar?
Nos jornais e na *internet*.
5. O Sr. Smith foi ver um apartamento T3 ou T4?
Foi ver um T3.

B.

encantada / vizinhança / renovação / assinatura / caução / estipulada / cláusula / obras / transferência

III - Vocabulário

A.

1. d) 2. e) 3. b) 4. h) 5. a) 6. g) 7. c) 8. f)

B.

1. vender ≠ comprar
2. alguns ≠ nenhuns
3. habitada ≠ desabitada
4. elevado ≠ baixo; reduzido
5. barulhento ≠ sossegado; tranquilo; calmo
6. baixar ≠ subir; aumentar
7. conhecer ≠ desconhecer

C.

1. empréstimo
2. despensa
3. varanda
4. lareira
5. painéis
6. identificação
7. notário
8. alugaram

IV - Gramática

A.

1. tenha gostado
2. tenhas podido
3. tenham terminado
4. tenham chegado
5. tenham feito
6. tenha tido

B.

decidi / Perguntei / conheciam / estivesse / comprava / lia / dava / descobria / demorou / tenha demorado / tinha perdido / encontrei / costumo / víssemos / foi / se tinha casado / perguntei / vendeste / fores / gostava / têm / vivem / consideres / tenho andado / pudesse / importares / venha / decidimos (decidiremos) / preocupes / tenhamos decidido

C.

1. pelo 2. para 3. em 4. à 5. com 6. de

V - Alguns sons mais difíceis

O sector imobiliário em Portugal tem vivido momentos de altos e baixos. Tudo tem dependido da conjuntura económica internacional que também se tem refletido no nosso país.

Porém, nestes últimos meses tem-se verificado uma melhoria, pois muitas das construções que estavam paradas por falta de verba, recomeçaram. Já há pessoas interessadas em voltar a investir, principalmente nas regiões turísticas, perto do mar ou, até mesmo, no interior do país.

Tem havido um aumento de construção na área da hotelaria, mais concretamente naquilo a que se chama "Turismo Rural" ou "Turismo de Habitação". É uma nova maneira de se poder receber turistas nacionais ou estrangeiros de um modo mais acolhedor e familiar. Por isso, este tipo de construção começa a ver melhores dias…

Unidade 13

I - Compreensão oral

A.

1. O Luís explicou tudo de um modo claro.	**Verdadeiro**
2. O Walter é alemão.	**Falso**
3. A principal atividade dos primeiros portugueses nos Estados Unidos da América era a pesca.	**Verdadeiro**
4. A emigração portuguesa começou por volta do século XV.	**Verdadeiro**
5. A imigração lusófona começou nos anos sessenta.	**Falso**

B.

questão / escolaridade / mestrado / compatível / carreira / desenhadores / hotelaria

III - Vocabulário

A.

1. d) 2. c) 3. a) 4. b) 5. a)

B.

1. emigrar - a emigração
2. melhorar - a melhoria
3. ajudar - a ajuda
4. dedicar - a dedicação
5. promover - a promoção
6. acolher - o acolhimento
7. sociabilizar - a sociedade

C.

1. b)
2. d)
3. e)
4. a)
5. g)
6. h)
7. f)
8. c)

IV - Gramática

A.

1. terei emigrado
2. terão chegado
3. teremos partido
4. terão discutido
5. terás pago
6. teremos gasto

B.

ter-se-á esquecido / terá levado / terá tomado / terá tentado

C.

1. o terei feito
2. tê-los-ão comprado
3. ter-lhe-ia escrito
4. assiná-lo-ias
5. fá-lo-ia

V - Alguns sons mais difíceis

O Valdimir é um jovem que veio para Portugal como emigrante há três anos. Começou por trabalhar na construção civil, mas era um trabalho muito duro. Decidiu começar a estudar português numa associação de apoio aos imigrantes menos favorecidos economicamente. De manhã, começava a trabalhar bem cedo e, ao fim do dia, ia para esta associação onde encontrava outras pessoas em situação semelhante à dele.

Passado pouco tempo já podia comunicar e entender os colegas e vizinhos. Conseguiu um visto de residência e por cá ficou. Porque era um trabalhador muito assíduo e dedicado ao trabalho, o patrão pô-lo no escritório da empresa de construção. Como tinha estudado Matemática e Contabilidade, não lhe foi difícil aceitar a nova tarefa: tratar das faturas da empresa, pagar aos fornecedores e organizar os assuntos burocráticos.

Nunca deixou de ir às aulas de português. Quando já tinha um bom domínio da língua, enviou o *curriculum vitae*, para algumas empresas de importação/exportação que trabalhavam com a Moldávia.

Unidade 14

I - Compreensão oral

A.

1. Será que uma grande parte dos passatempos dos portugueses é muito diferente dos outros países?

Não, não é.

2. O clima em Portugal terá influência na vida que se faz ao ar livre?

Sim, tem.

3. É permitido fumar dentro de locais fechados?

Não, não é.

4. Em Portugal pode-se ver pessoas a correr pelas ruas como forma de praticar desporto?

Sim, pode.

5. Os portugueses só vão à praia no verão?

Não. Basta estar sol e calor.

B.

faixa / relacionarem / curiosa / profissionais / eficazes / informalidade / hospitalidade / partilharem / facciosos

III - Vocabulário

A.

1. e) 2. a) 3. c) 4. b) 5. d)

B.

aqui / condução / tal / copo / nem / pressa / dedos / ligo

C.

1. c) 2. e) 3. b) 4. f) 5. a) 6. d)

IV - Gramática

A.

1. (Em) Acabando
2. (Em) Estando
3. tentando
4. rindo-se
5. (Em) Chegando

B.

1. Em encontrando o Marek, diz-lhe que combinámos às oito e meia em frente ao restaurante.
2. Não tendo telefonado ao Ramirez, ele não apareceu.
3. Em indo a Londres, vou visitar a família do John. Ele já me convidou.
4. Não tendo visto esse filme, vou ficar em casa esta noite e aproveitar para descansar.
5. Tendo arrendado a casa por cinco anos, agora vão voltar para Manchester.

C.

1. ia chegando
2. ias sendo
3. ia tendo
4. ia perdendo
5. ia desmaiando

V - Alguns sons mais difíceis

Nos últimos anos, os portugueses que vivem não só nos grandes centros urbanos, mas também nas vilas e em algumas aldeias, adquiriram o hábito saudável de praticar desporto nos tempos livres: ao fim do dia, depois do trabalho, ou de manhãzinha, antes de o começarem. É frequente, ao fim de semana, ver famílias andando de bicicleta e fazendo caminhadas.

Mas também há portugueses que gostam de passar o tempo livre a fazer desporto "sentado": com o comando na mão, sentam-se no sofá e vão vendo tudo o que é programa desportivo na televisão. Ao mesmo tempo, alguns vão pondo a leitura da semana em dia, bebendo café e conversando com quem está por perto.

Há quem goste de sair, logo de manhã cedo, com a família para ir dar um passeio de carro, apreciando a paisagem já várias vezes observada, almoçar num restaurante um bom petisco português.

Em Portugal, a vida que os portugueses fazem durante o tempo livre é aquela que escolhem livremente ou a que lhes é "imposta" pelas circunstâncias sociais. Não será muito diferente de outras sociedades, pelo menos das europeias.

Unidade 15

I - Compreensão oral

A.

1. A Ilha da Madeira foi descoberta no século XIV.	***Falso***
2. O arquipélago da Madeira tem um clima ameno todo o ano.	***Verdadeiro***
3. As levadas são ruas muito estreitas na Ilha da Madeira.	***Falso***
4. O Porto Santo é uma ilha muito famosa por ter muitos restaurantes.	***Falso***
5. Há uma enorme variedade de flores e plantas na Ilha da Madeira.	***Verdadeiro***

B.

tradicional / bebida / aguardente / casca / maracujá / uvas / transações / vulcânico / vinícola

III - Vocabulário

A.

1. desabitado; inabitado
2. irregular
3. ilegal
4. inaceitável
5. impossível
6. inadequado; desadequado
7. irrespirável
8. imprevisto
9. desonesto
10. ilimitado

B.

1. Quando alguém nos dá qualquer coisa, devemos aceitá-la de boa vontade.
   A cavalo dado não se olha o dente.
2. Aquilo que os outros têm é sempre melhor do que o nosso.
   A galinha da vizinha é melhor que a minha
3. Quando temos um problema para resolver, é melhor acalmar as emoções e resolvê-lo no dia seguinte. **A noite é boa conselheira**
4. Todos em conjunto vamos conseguir ultrapassar esta dificuldade.
   A união faz a força
5. Quando se é bom para os outros, eles também o são para connosco.
   Amor com amor se paga

C.

1. c) 2. a) 3. d) 4. b) 5. e) 6. f)

IV - Gramática

A.

1. tiverem visitado
2. tiverem acabado
3. tiverem caminhado
4. tiverem bebido
5. tiverem visto

B.

1. tivesse ido / irmos / vamos
2. tenham vindo / (Em) Vindo / viria
3. vir / teriam visto / Tendo visto.
4. lembres-te; lembrares / te tivesses lembrado / lembrar-me-ia (lembrava-me).
5. esteja / está / Estejam

C.

na / da / na / em / de / Por / das / da / da / dos / nos / no / de / para / em / para / no / durante / à / com

V - Alguns sons mais difíceis

A Ilha da Madeira tem muitas tradições e quem a visitar nos meses de verão vai ter muito por onde escolher. É nesta época do ano que voltam à terra os muitos emigrantes que se encontram espalhados pelo mundo.

Em todas as paróquias há festas populares a que chamam "arraiais". Uns têm mais impacto do que outros, mas sempre com o mesmo sentido: homenagear o Santíssimo Sacramento, já que estamos a falar de uma ilha onde a religião tem muita importância entre os ilhéus. Nestes arraiais há sempre muita alegria e animação.

Unidade 16

I - Compreensão oral

A.

1. Quantas ilhas fazem parte do Arquipélago dos Açores?

Nove ilhas.

2. O clima dos Açores é seco?

Não, é húmido.

3. Qual é o passatempo preferido do Sr. Smith?

É a fotografia (É fotografar).

4. A produção de laticínios é muito importante para a economia açoriana?

Sim, é.

5. Ainda hoje há emigração açoriana nos Estados Unidos da América?

Sim, há.

B.

passeios / hortênsias / hábito / plantação / melhorado / indicar / aproveito

III - Vocabulário

A.

1. biscoito
2. Ilda
3. desiludido
4. bebida
5. virão

B.

1. Quando fez o *check-out* no hotel, teve de passar um cheque porque não tinha o cartão de crédito.
2. Eles enfrentaram as dificuldades com muita coragem e dignidade.
3. É necessário apurar quem fez isso, porque é de extrema gravidade.
4. Eles gostam muito de tirar fotografias durante as viagens.
5. O mar em redor das ilhas açorianas é muito forte. É de meter respeito.

C.

1. papelada
2. legal
3. diferença
4. distância
5. educação
6. pastelaria
7. infelicidade
8. paragem
9. capitalismo
10. dentista

IV - Gramática

A.

1. terem visitado
2. terem terminado
3. ter tomado
4. teres ido
5. terem-me telefonado
6. ter provado
7. teres bebido
8. terem encontrado
9. ter saído
10. teres comido

B.

1. tê-lo-ia visitado
2. Tem-los visto
3. podê-lo-ia visitar
4. entregá-lo
5. a tenham comprado

C.

1. às	2. do	3. pelo	4. na	5. com / por / por
6. contra	7. no	8. para	9. da	10. com

V - Alguns sons mais difíceis

A Ilha da Terceira

Esta ilha vive um permanente festival de cor e tradições seculares de maio a setembro. São as famosas e bem conhecidas Festas do Espírito Santo com a cerimónia da coroação do Imperador em todas as povoações. Nesta altura, os açorianos comem e bebem as suas especialidades e há grandes cortejos.

Para os açorianos da Terceira, "festa" significa boa comida e, por isso, é famosa pela cozinha tradicional como a carne de alcatra e especiarias e o polvo. Há uma grande variedade de doces, sendo todos eles muito bons. As refeições são regadas com o vinho de Biscoitos, que é uma região no norte da Ilha Terceira.

Unidade de Revisão 9 - 16

I - Compreensão oral

Lisboa é a capital de Portugal, mas a segunda maior cidade do país é o Porto. O Porto situa-se no norte e tem uma área de aproximadamente 41, 66 quilómetros quadrados. É uma cidade com uma grande densidade populacional, com cerca de 1 200 000 habitantes.

É a cidade que deu o nome a Portugal quando se chamava Portus. Embora não seja a capital do país, possui uma grande indústria, não só na própria cidade como nos arredores. Todos nós conhecemos e podemos ligar o nome da cidade a uma das bebidas mais famosas do país e que é conhecida internacionalmente: o vinho do Porto. Além desta grande indústria, há muitas outras que têm um grande peso na economia portuguesa como, por exemplo, a indústria do calçado, a têxtil e o mobiliário.

O Porto também tem um elevado número de jovens residentes, na medida em que tem praticamente todas as áreas universitárias, tal como em Lisboa.

Ainda que seja uma cidade antiga, onde se podem ver edifícios com um passado histórico importante, também tem uma zona residencial mais moderna. É uma cidade que mistura muito bem o pitoresco do passado com a arquitetura moderna. Não é por acaso que um dos arquitetos portugueses mais importantes é portuense, Siza Vieira.

O Porto tem uma gastronomia muito variada e apreciada por todos os portugueses. Quer a carne, quer o peixe são muito utilizados na cozinha portuense. Quem quer que vá ao Porto deve provar as Tripas à Moda do Porto, as Francesinhas e os Rojões.

Perguntas

1. Qual é a área aproximada da cidade do Porto?

Resposta correta: *alínea a)*

2. Qual é, mais ou menos, a densidade populacional do Porto?

Resposta correta: *alínea b)*

3. Como se chamava há muitos séculos atrás a cidade e que depois veio dar origem ao nome do país?

Resposta correta: *alínea c)*

4. Como se chama o arquiteto portuense mais famoso de Portugal?

Resposta correta: *alínea c)*

II - Vocabulário

1. a) 2. b) 3. c) 4. c) 5. b)

III - Gramática

1. c) 2. b) 3. c) 4. a) 5. a)

Teste Final

I - Compreensão oral

Fernando Pessoa

Fernando Pessoa é considerado um dos maiores poetas portugueses do século XX. Nasceu em Lisboa, no dia 13 de junho de 1888, e morreu com apenas 47 anos, a 30 de novembro de 1935.

Ainda muito jovem, com apenas sete anos, partiu para a África do Sul com a mãe. Aí, andou na escola e começou a sua aprendizagem académica na língua inglesa o que, posteriormente, se veio a revelar importante e útil na escrita: publicou três obras na língua inglesa! Também por ter aprendido desde cedo aquela língua, foi tradutor, entre outras profissões.

Quando mais tarde voltou para Portugal, dedicou-se a várias profissões, mas aquela em que foi mais reconhecido foi a de escritor. Teve uma vida boémia e cheia de excessos: noitadas com muita aguardente, cafés e tabaco. Encontrava-se com os amigos ligados às artes no Martinho da Arcada e na Brasileira.

Talvez porque a sua vida tenha sido tão preenchida, tenha aprendido e convivido tanto com outra gente ligada à literatura. Pessoa era um homem permanentemente descontente, por vezes muito nostálgico ou, até mesmo, depressivo. Mas tinha um carácter muito forte e só assim se compreende que ele tenha deixado uma obra poética tão variada. Escreveu e assinou como Fernando Pessoa, mas também criou heterónimos com personalidades distintas: tais como Alberto Caeiro, Ricardo Reis, Álvaro de Campos e Bernardo Soares.

Vale a pena ler a sua obra.

1. a) 2. b) 3. a) 4. c) 5. c)

II - Vocabulário

A. ajudá-lo / obra / aconselhar / heterónimos / diversificada / intelectual / marcou

B.

1. quem não arrisca, não petisca
2. farto até aos cabelos
3. ficou em águas de bacalhau
4. coiro e cabelo
5. o coração ao pé da boca
6. de pé atrás
7. Dá com a língua nos dentes

III - Gramática

A.

1. a) 2. c) 3. b) 4. b) 5. b)

B.

1. a) 2. b) 3. c) 4. a) 5. b)

Lista de faixas áudio

Ficheiro áudio I

Unidade 1

Faixa 1 - Texto
Faixa 2 - I - A
Faixa 3 - I - B
Faixa 4 - III - B
Faixa 5 - V

Unidade 2

Faixa 6 - Texto
Faixa 7 - I - A
Faixa 8 - I - B
Faixa 9 - V

Unidade 3

Faixa 10 - Texto
Faixa 11 - I - A
Faixa 12 - I - B
Faixa 13 - III - B
Faixa 14 - V

Unidade 4

Faixa 15 - Texto
Faixa 16 - I - A
Faixa 17 - I - B
Faixa 18 - V

Unidade 5

Faixa 19 - Texto
Faixa 20 - I - A
Faixa 21 - I - B
Faixa 22 - III - B
Faixa 23 - V

Unidade 6

Faixa 24 - Texto
Faixa 25 - I - A
Faixa 26 - I - B
Faixa 27 - V

Unidade 7

Faixa 28 - Texto
Faixa 29 - I - A
Faixa 30 - I - B
Faixa 31 - III - B
Faixa 32 - V

Unidade 8

Faixa 33 - Texto
Faixa 34 - I - A
Faixa 35 - I - B
Faixa 36 - V

Revisão 1 - 8

Faixa 37 - I - Texto
Faixa 38 - I - Perguntas

Ficheiro áudio II

Unidade 9

Faixa 1 - Texto
Faixa 2 - I - A
Faixa 3 - I - B
Faixa 4 - III - B
Faixa 5 - V

Unidade 10

Faixa 6 - Texto
Faixa 7 - I - A
Faixa 8 - I - B
Faixa 9 - V

Unidade 11

Faixa 10 - Texto
Faixa 11 - I - A
Faixa 12 - I - B
Faixa 13 - V

Unidade 12

Faixa 14 - Texto
Faixa 15 - I - A
Faixa 16 - I - B
Faixa 17 - III - B
Faixa 18 - V

Unidade 13

Faixa 19 - Texto
Faixa 20 - I - A
Faixa 21 - I - B
Faixa 22 - III - B
Faixa 23 - V

Unidade 14

Faixa 24 - Texto
Faixa 25 - I - A
Faixa 26 - I - B
Faixa 27 - V

Unidade 15

Faixa 28 - Texto
Faixa 29 - I - A
Faixa 30 - I - B
Faixa 31 - III - B
Faixa 32 - V

Unidade 16

Faixa 33 - Texto
Faixa 34 - I - A
Faixa 35 - I - B
Faixa 36 - III - B
Faixa 37 - V

Revisão 9 - 16

Faixa 38 - I - Texto
Faixa 39 - I - Perguntas

Teste Final

Faixa 40 - I - Texto
Faixa 41 - I - Perguntas